働く自閉症者のための作業改善の工夫とアイデア

構造化で活かす一人ひとりの特性

自閉症者就労支援技術研究会 編

＜イラスト＞
表紙・第1章：原口沙織
第3章：川上　京

はじめに

「作業所で働くには箱折りができないとだめ」「みんなといっしょに作業ができないといけない」というような話を聞くことがあります。それがその作業所のやり方だからそれに合わせなければいけないということのようです。そこまで極端ではなくても、施設でやっている仕事に利用者を合わせるというのが一般的な考え方ではないかと思います。しかし、このような考え方ではいつまでたっても多くの自閉症の人は「できない人」のままになってしまいます。

本書ではさまざまな「職業課題」が紹介されています。「職業課題」という言葉は多くの人には耳慣れない言葉だと思いますが、これらの「職業課題」は一人ひとりの人のために開発された「仕事」です。本書で紹介された「職業課題」を見て、どんな人にもやれる「仕事」があるのではないかとあらためて思います。もちろん、そのままの形では賃金につながる仕事にはならないかもしれませんが、「職業課題」ができるということは自閉症の人がもつ可能性を示しています。できないことを彼らの側だけのせいにしてしまって、努力や工夫をしないのは支援する側の怠慢といえるのではないでしょうか。

視覚障害をもった人一人ひとりに合わせてめがねが作られるのと同じように、自閉症の人の職業生活を支えるためには、自閉症の人一人ひとりに合わせた仕事、補助具、職場環境などが用意される必要があります。そしてそのためには、まず「自閉症の障害とは何か」を理解することが大切です。自閉症はわかりにくい障害であるため、実際には自閉症そのものが正しく理解されていないことが多いのが現実です。

そして、障害特性の理解のうえに立った一人ひとりの評価（アセスメント）が必要です。その人は何ができるのか、どんなことが好きなのかという視点でその人をよく観察し、情報を集めます。また、一般的な自閉症の特性がどのような形でその人にあらわれているのかを具体的に見ていきます。自閉症の人は一人ひとりユニークな特徴をもっています。そのユニークさをしっかり認識して、支援のプログラムを組み立てる必要があります。そしてその支援プログラムの一つが「職業課題」ということになります。

後半の事例集には「職業課題」だけではなく、自閉症をもったそれぞれの人たちに合

わせて環境を作り直したり、時間の流れなど必要な情報を伝えたりすることによって、さまざまな行動の問題が軽減したり、生活の幅が広がった例が報告されています。ここに紹介されている事例は完成されたものではなく、それぞれの施設のスタッフの方たちが手探りで最初の一歩を踏み出したというようなものが中心となっています。それでも、取り組む以前には見られなかったような変化が短期間であらわれています。最初の一歩はなかなか踏み出せないものだと思いますが、思い切ってやってみる、やってみながら修正・改善していくということの大切さを確認することができます。そして同時に支援プログラムを継続していくことの必要性も感じさせられます。これらの取り組みを継続してよりよいものにしたり、いろんな場面に広げていただきたいと思います。

　1つの職業課題から、1日のスケジュールから、施設内の部屋の整理から…などいろいろな始め方があると思いますが、本書を読まれた方は、できるところからまずスタートしていただきたいと思います。そして、作業や施設内の限られた活動だけで終わるのではなく、これらの考え方を仕事、余暇、家庭や地域での活動などいろいろな場面に応用して、その人の生活をより自立した、より豊かなものにするための支援に広げていただければと願います。

よこはま発達クリニック
京都市児童福祉センター

村松　陽子

目　次

　はじめに　……………………　3

第1章　職業課題の方法論
　～自閉症の人に合った職場条件を考える～
　（1）自閉症の特性と職場での困難さ　……………………………　8
　（2）職場に共通して見られる問題点　……………………………　11
　（3）職場環境の整理　……………………　14
　（4）職業課題の工夫　……………………　17
　（5）職業課題の作成プロセス　……………………　20
　（6）教え方のアイデア　……………………………　28
　○まとめ　……………………………　30

第2章　自閉症の人たちの職業課題サンプル
　～一人ひとりに合った作業内容を考える～
　（1）最も簡単な課題　……………………　34
　（2）ジグ・見本・道具を使った課題　……………………………　45
　（3）文字・数字を使った課題　……………………………　59

第3章　事例報告
　事例1　作業の自立と活動の広がり　……………………………　72
　事例2　作業内容の充実とスケジュールの導入　………………………………　76
　事例3　ひとりで過ごせる時間を求めて　………………………………　79
　事例4　作業場での活動の切り替えを支援する　……………………………　84
　事例5　朝の身支度、通勤への支援　……………………………　88
　事例6　生活場面での構造化　……………………　92
　事例7　余暇場面における視覚的構造化の取り組み　………………………………　96

第 1 章

職業課題の方法論
～自閉症の人に合った職場条件を考える～

大人になった自閉症の人が働く職場や作業所、授産施設等には、どのような条件が求められるでしょうか？　現在、重度の知的障害を伴う自閉症の人のほとんどは、福祉施設や障害者地域作業所などで働いています。しかしその実態は「働く」という姿とはほど遠く、「作業場で無為に時間を過ごしている」「不適切な行動があって困っている」のが実態だという声を現場職員から聞くことがしばしばあります。一方で、仕事を上手にこなし充実した職業生活を送っている自閉症の人もたくさんいます。いったいこのような違いはどこから生じるのでしょうか？

　本章では、知的障害のある自閉症の人たちが働く福祉現場や企業の職場に焦点を当て、自閉症の特性に配慮した職業課題の意義と方法を検討します。その視点は、自閉症の人たちにとって働きやすい職場環境や作業内容を模索することからスタートします。

（1）自閉症の特性と職場での困難さ

　自閉症は脳の器質的な障害に起因する発達障害の1つです。最新の国際的な診断基準（DSM-ⅣやICD-10）やローナ・ウィングが提唱する自閉症スペクトラム概念の整理によれば、自閉症は次の3つの障害が組み合わさった状態であるといえます。

- ・社会性・対人関係の障害
- ・コミュニケーションの質的障害
- ・想像力の障害または特異的な行動パターン

　自閉症の療育と地域生活支援について30年以上の実績があり、その世界的なモデルになっている米国ノースカロライナ州のTEACCHプログラムでは、自閉症の基本的な問題は「（周囲の情報を的確に理解できない）意味とりの障害」であることを指摘し、治療教育上の留意点として以下の事柄をあげています（『自閉症の療育者』37-38p）。

①概念形成や抽象的な思考の理解が困難
②社会的な関係の発達が困難
③言語の社会的関係での使用が特に困難
④自己指向性やセルフコントロール、自己による動機付けが非常に困難
⑤音声などの聴覚刺激をうまく処理できない
⑥学習した行動を新しい場面に般化・応用が困難
⑦自発性、創造性の乏しさ（ルーチンや同一性の要求に基づく行動）

自閉症の人が何らかの仕事に従事するときも、これら自閉症の障害特性に関する問題が大きな影響を及ぼしています。以下に具体的に説明しましょう。

❶概念形成や抽象的な思考の理解が困難
　自閉症の人は周囲から「働きなさい」「仕事を頑張ろう」と促されても、それがどういうことを意味するのか、何を期待されているのかをうまく理解できません。このような言い方・促し方があまりにも抽象的に過ぎるからです。「仕事」や「働く」ということを自閉症の人にわかりやすく伝えるためには、より具体的に、例えば「目の前にあるこの作業をやろう」と課題そのものを実際に示すことが求められます。

❷ 社会的な関係の発達が困難
　自閉症の人はまた、職場の人間関係（上司や担当職員、同僚などとの関係）を理解し、場面状況やその人の属性に合わせて適切にふるまうことが苦手です。職場内で通用する暗黙のルールや職場文化というものも、社会性や想像力に障害のある自閉症の人にはとても理解しづらいものです。そのため職場のルールに抵触してトラブルになることもありますが、そのほとんどは自閉症の人がわざと行っているのではなく、そのことが「よくわからない」ために起こることを周囲は理解する必要があると思います。

❸言語の社会的関係での使用が特に困難
　コミュニケーションに障害のある自閉症の人にとって、言語の使用は特に難しい事柄です。言葉のない自閉症の人はたくさんいますし、言葉があってもそれを実用的なコミュニケーションの道具として使うことに困難さがあります。例えば職場で作業のための材料がなくなったり仕事のやり方がわからなくてもうまく援助を求められず、独力で問題を解決しようとして結果的に不適切な行動（他人の材料をとってしまう、など）になることがあります。また、周囲からの指示や言葉かけの意味を取り間違えて、自閉症の人が周囲の期待とは異なる行動をとってしまうこともあります。
　援助者（施設職員や職場の同僚）は、コミュニケーションに障害のある自閉症の人が理解しやすい伝え方を工夫するとともに、本人が効果的に自分の気持ちや意図を表現する方法を教える必要があります。

❹自己指向性やセルフコントロール、自己による動機付けが非常に困難
　❶❷と関連しますが、自閉症の人たちは働く意味や働くこととその報酬の関係を理解することも苦手です。自閉症の人に「仕事をしたらお給料がもらえるよ」とか「みんな

仕事を頑張ってるから、あなたも頑張ろう」という形で理由づけや促し方をしてもその意味はほとんど通じません。そのため自閉症の人は前向きに仕事に取り組む姿勢に乏しいなどと、周囲から見られることがあります。しかしこのような場合も、「何をすべきか」「これをしたら何が得られるか」がその人に具体的に伝わっていないためであると考えられます。

　その一方で、自閉症の人は興味関心に偏りが強く、自分なりに好き嫌いをはっきりもっていて、特定の職業課題や素材であればそれに固執し熱心に取り組む傾向もあります。一人ひとりの自閉症の人にとって何が仕事の動機になるのかよく見極め、それを仕事と関連づけることで仕事への意欲が高まるように配慮することがポイントです。

❺音声などの聴覚刺激をうまく処理できない

　視覚、聴覚、触覚、味覚などの感覚刺激に対する過剰な反応も自閉症の障害特性のひとつです。職場環境が雑然としていたり、その人にとって不快な刺激や逆に魅了されてしまうような刺激が周囲にあると、自閉症の人は仕事がはかどらずミスが増えたりします。また❸でも指摘したように、言葉による指示を適切に理解し応答することが苦手です。言葉は抽象的な概念を多く含み、状況に応じた解釈を即座に求められます。しかも、言葉はすぐに消えてしまうため、自閉症の人はその取り扱いに苦慮しています。逆に、自閉症の人は具体的な視覚情報（文字、絵や写真、色やマーク、実物、場面状況など）を理解することはとても得意です。そのため、自閉症の人を取り巻く職場環境を物理的に整理するとともに、その人の理解レベルに合わせた視覚的な手がかりを系統的に提供することが自閉症の人に意味を正しく伝えるには必要とされています。こうした手法を構造化と呼びますが、構造化による支援が自閉症の人たちに対する支援の基本になります。

❻学習した行動を新しい場面に般化・応用が困難

　自閉症の人は、概念形成や抽象概念の取り扱いが困難なため、ある場面で学習した行動をほかの場面に応用して同じように行動するという般化と呼ばれる行動が苦手です。裏返せば、ある場面状況の中で学習した手続きや道具の使い方がパターン化し固執する傾向があるともいえます。同じ場面状況では同じような間違いが続いたり不適切な行動が一向にあらたまらないというのは、この般化の困難さが関係しています。この問題に対処するには、期待される行動を一定のシステム（これを「ワークシステム」といいますが、これについては後で詳しくふれます）の中で繰り返し、自立のためのシステムを確立することが有効です。獲得したシステムをさまざまな場面状況に適用させていくこ

とで、自閉症の人は多様な職場環境や職業課題にも混乱なく対応できるようになります。

❼自発性、創造性の乏しさ（ルーチンや同一性の要求に基づく行動）
　❻とも関連しますが、仕事について自分から臨機応変に道具を工夫したり合理的な方法を見つけ出すことは、自閉症の人には非常に難しい事柄です。想像力に障害のある自閉症の人は、一般に創造的な活動が楽しみというよりも、そこでは具体的な手がかりがないため何をしたらよいかがわからず苦痛を感じることのほうが多いのです。作業の内容や処理方法が頻繁に変わるとうまく適応できない自閉症の人もたくさんいます。

（2）職場に共通して見られる問題点
　自閉症の人の職場適応のためには、以上指摘したような自閉症の障害特性と固有の困難さについて周囲が正しく理解し、一人ひとりの苦手さによく配慮する必要があります。福祉現場や企業の職場で不適応行動をとる自閉症の人とその周囲の対応の問題を探ると、次のような共通の傾向が浮かびあがってきます。

　　　①自閉症の障害特性が正しく理解されていない
　　　②個別の評価が十分に行われていない
　　　③本人に合った作業内容が用意されていない
　　　④職場環境が物理的に整理されていない
　　　⑤その人に合った教え方が確立していない

❶自閉症の障害特性が正しく理解されていない
　すでに詳述したとおり、自閉症の人には周囲の状況や指示を適切に理解できない「意味とりの障害」が基本にあります。そのため構造化による支援（よく整理された職場環境、見通しのある日課の確立、無理のない職業課題の提供、職員からのわかりやすい指示など）が必要不可欠です。しかし、このような自閉症の障害特性に対する配慮が全般に不十分で、援助者の頻繁な言葉かけや刺激過多の職場環境の下で集団作業を強いるような状況になっていると、自閉症の人たちの混乱や不安は増加し、不適応行動が誘発される危険が高まります。

❷個別の評価が十分に行われていない
　自閉症の人は重度の知的障害をもつ人から、言葉や知能の面では問題ない人まで幅広い人がおり、知的レベルだけでなく、さまざまな認知・機能レベルが一人ひとり「でこ

ぼこのプロフィール」を描きます。つまり、自閉症という共通の障害特性が認められたとしても、個々人の職業スキルや認知特性、興味関心などは千差万別です。そのため個別化された評価に基づいて、その人に合わせた個別援助プログラムを提供することが求められるのです。しかし実際の福祉現場や就労先の企業では、個別の評価が十分に行われないままに、既存の職場条件を自閉症の人に無理矢理に当てはめようとして、本人が不適応状態に陥ってしまっていることが見受けられます。

❸本人に合った作業内容が用意されていない

　自閉症の障害特性について職場の中で共通理解が得られず個別の評価も不十分だと、その人に合った日課や作業内容が提供されず、結果的に自閉症の人は職場で無為に時間を過ごしたり不適応行動に固執している事態になります。技能的に難し過ぎたり（あるいは、簡単過ぎたり）、興味関心のない職業課題が与えられている可能性があります。また、この課題をどのくらい行えばいいのかという見通しや、何のためにこの作業を行うのかという意味が説明さていないため、本人は作業に前向きに取り組むことができていないことも想定されます。

❹職場環境が物理的に整理されていない

　職場の物理的な条件によっても自閉症の人の不適応行動は助長されます。職場全体が雑然としていて、人の動きが錯綜している、材料が片づいていない、騒音が激しいなどの条件が重なると、多くの自閉症の人が刺激に過反応し混乱や不安が昂じて落ち着いて作業に取り組めなくなります。後述するチェックリストを参考に、自分たちの職場を環境面からも見直してください。

❺その人に合った教え方が確立していない

　自閉症の人に仕事を教え、適切な行動が職場内で定着するためには、援助者（施設職員や同僚）の直接対応の技術が求められます。自閉症の障害特性に精通していれば、「ちゃんとしよう」「ちょっと待ってて」「急いで」「ゆっくり」などという抽象的で曖昧な言葉かけはむしろ混乱をまねくことを知っています。また、過度な接触、失敗から学ばせる、他人と競わせる、叱ってあらためさせるなどの方法も効果がありません。このようなやり方は自閉症の人にその意図が通じず、課題そのものへの拒否感を強めるだけです。具体的・視覚的な理解に強い自閉症の人には、簡潔で肯定的な言葉かけ、指さしやジェスチャー、見本の提示、写真やジグの活用などが有効です。これらの伝達方法を系統的に使いながら、混乱の少ない環境下で、本人のできること・得意なこと・興味関心があ

ることを活かして、さまざまな場面状況でも適切な行動をより自立してできるように支援していくことが肝要です。

職場における自閉症の人のふるまいは、その人を取り巻く職場環境や取り組む作業課題の内容と表裏一体の関係にあるといえます。自閉症の人が示す不適応行動ばかりに目がいきがちですが、これらの行動はその背景となっている障害特性に配慮されていない職場環境や不用意に設定された職業課題などによって結果的にもたらされたものと捉えることができます。私たちはこれらの不適応行動をもたらす背景にもっと注意を払うべきです。

視覚障害や身体障害をもつ従業員に対して、障害に配慮して働きやすい職場環境に努める（例えば、点字やスロープを用意する）ことは今や企業の常識ではないでしょうか。しかし、自閉症などの発達障害に対する目線の配慮はまだまだ不十分だといわざるを得ません。その大きな原因としては、いまだにその障害特性が職場の共通理解として浸透していないことがあげられます。その意味で、自閉症の人にとって職場での困難さは、障害を抱えながら、なおかつその障害が十分理解されない中で仕事に従事しなければならないという二重のハンディキャンプを負っていることにあるといえます。

以下のチェックリストは、あなたの職場が自閉症の障害特性にどれだけ配慮されているかを確認するために使用してください。「はい」の項目が多いほど、自閉症の人には困難な職場であるといえます。

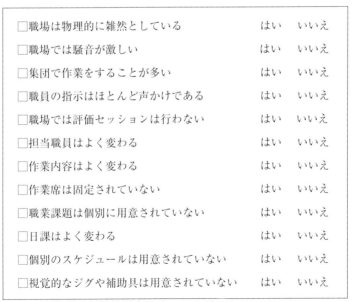

表1　職場環境と職員対応のチェックリスト

(3) 職場環境の整理

次に、自閉症の障害特性に配慮した職場について環境面から検討していきましょう。自閉症の人の「意味とりの障害」に対処する物理的構造化の方法（図1）をいくつか紹介します。

①作業する場所（作業エリア）と休憩する場所（休憩エリア）を区別する。
②スケジュールを確認し、活動を切り替えるための中継点（トランジションエリア）を設ける。
③作業エリアでは作業を妨害するような刺激を遮断し、作業に集中できるようにする。
④仕事に必要な材料や補助具はアクセスしやすい場所に棚などを使って配置する。
⑤休憩エリアはリラックスできる環境・活動を用意し、そこで落ち着いて過ごせるようにする。
⑥全体によく整理された（視覚的に乱雑ではない、人の出入りが少ない、騒音の少ない）職場環境であること。

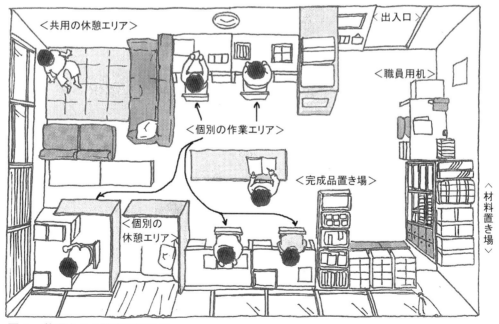

図1　整理された職場環境の例

❶作業エリアと休憩エリアを区別する

　一日中、まったく休みをとらずに仕事をしている人はいません。重度の自閉症の人であれば作業に集中する時間は少なく、むしろ休憩時間のほうが長くなるかもしれません。また、自閉症の人の中には仕事と休憩の切り替えがうまくできず、「作業にとりかかれない」「休憩中に職場内をウロウロして戻ってこない」などの問題が生じることもあります。

　まず職場内において場所と活動を1対1に整理します。そうすることで、「ここは何をするところか」を場所から自閉症の人に具体的に伝えることができます。さらに活動ごとに特定の場所へ移動することで、活動と場所の見通しが明確になり切り替えが容易になります。

　一般に職場の内外には、その活動に応じて、作業エリア、休憩エリア、集団活動の場所、手洗い場、トイレ、食事をする場所、職員用机、材料置き場、完成品置き場などが必要になります。なかでも作業エリアと休憩エリアは、働く自閉症の人たちが多くの時間をそこで過ごす場所ですから、一人ひとりが最も安定して過ごせる環境を用意する必要があります。各エリアが自閉症の人をはじめ、ほかの職場の同僚たちにとっても意味のある場所として機能しているかどうかを確認することも必要です。

❷トランジションエリアと個別スケジュールの提示

　トランジションエリア（中継点）は、作業や休憩、食堂、トイレなど、その人がさまざまな場所に移動するとき（活動を切り替えるとき）、「次は何があるか」「次はどこに行けばいいのか」を確認する場所として用意します。通常、トランジションエリアは各移動場所の中間点に設置し、それぞれの場所から容易にアクセスできるようにします。

　職場内のトランジションエリアが1か所に固定されていると、活動が終了したらいつもその場所に戻ればいいので（つまり、ルーチン＝習慣で戻るようにしておく）、自閉症の人は次の活動や行き先をそこで簡単に知ることができます。トランジションエリアには専用の個別スケジュールが用意されており、自閉症の人は自分で予定を確認することができます。逆にトランジションエリアと個別スケジュールがないと、自閉症の人はその都度次の予定を誰かから教えてもらわなければならなかったり、見通しがもてず混乱する事態になってしまいます。

　人によってはトランジションエリアにスケジュールを設置するのではなく、スケジュールを持ち運ぶタイプ（手帳やクリップボードを使う）のほうが使い勝手がいいこともあります。移動する頻度が多かったり、ポータブルなスケジュールシステムを使い慣れている自閉症の人の場合は、移動式のスケジュールを検討します。

スケジュールは、時間の概念を理解することが難しい自閉症の人に予定や変更を伝える大切な補助具となります。文字や写真・絵、実物などその人が理解できる方法で、個別のスケジュールを作りましょう。

❸作業エリアでの刺激の調節

作業エリアでは作業に集中できるように、不必要な刺激や妨害刺激を遮断するようにします。視覚刺激に対してはカーテンや衝立の設置、作業机の向きを調節するなどで対処します。窓際に座ると外の車や人の往来が気になる自閉症の人なら、窓にブラインドをかけたり窓を背中にして着席するような配置にします。音に過敏な人であれば耳栓やヘッドフォンの使用を検討したり、落ち着いて過ごせる静かな部屋を用意します。

図2　個別の作業エリアの例

❹作業材料の配置

作業材料や道具は働く自閉症の人がアクセスしやすい場所に、棚やキャビネットを使って配置します。一般に、本人専用のものは作業エリアの中に置き、全体共用のものはそれぞれの作業エリアからアクセスしやすい中間点に置きます。材料や道具など、作業に必要なものは視覚的に目立つように置きます。その方法としては、作業机や棚に名札をつけたりシートを敷く、色テープで材料の置き場所を囲っておくなどのアイデアがあります。容器やレターケースを使って材料や道具を用途ごとに区分けしたり各容器にラベルや数字をつけて、仕事の手順に対応できるような配置を考えます。職場全体の原材料、部品、道具、完成品置き場などを作業工程に沿って合理的に配置すると、製品管理や安全対策が容易になるという利点があります。

❺休憩エリアの確保

休憩エリアは、仕事の合間や昼休みを安定して過ごす場所として非常に重要です。なぜなら、自閉症の人は休憩時間をうまく過ごせないことで、「職場内をウロウロ立ち歩くので職員がそばにいないと過ごせない」「休憩時間に勝手に材料を取りに行って他人の仕事の邪魔をする」などの不適応行動をとりがちだからです。まず、本人が安心して過ごせる場所になるように、十分な空間を確保し不快な刺激を減らすことに努めます。他人の存在が気になる場合は、休憩エリアを個室にする必要があるかもしれません。

次に、休憩エリアで一定時間安定して過ごすための活動内容を検討します。ただソファに座っているだけでリラックスできる人もいるでしょうが、人によっては、読書や音楽を聴く、絵を描く、ジグソーパズルを行うといった具体的な余暇活動があるほうが休憩時間を有意義に過ごせることがあります。休憩エリアでは少なくとも 10 分程度は一人で（援助者がそばにいなくても）安定して過ごせ、そして休憩時間が終われば次の活動に素早く切り替われることが求められます。

❻全体によく整理された職場環境であること

　自閉症の人のためだけではなく、集団で仕事をする中で全体の作業効率を上げ、ミスや事故を減らすためにも、職場は全体によく整理された環境を維持すべきです。自閉症の人が働く職場であるなら、これまで指摘したこと以外にも次の点に配慮することが必要です。

- ・作業と直接関係のない材料や事務用品などはこまめにかたづける
- ・職場は毎日掃除されている（特に、ゴミを放置しない）
- ・職場内の騒音を減らす
- ・職場内の空調や照明は整えられている
- ・トイレや食堂などと職場が物理的に区切られている
- ・職場内の人の出入りを減らす
- ・職場内では相性の悪い人同士をむやみに近づけない

（4）職業課題の工夫

　本書でいう「職業課題」とは、福祉現場や就労先の企業などの職場で自閉症の人が取り組む「職業に関する課題全般を指し、作業として取り組む最小単位の活動とその対象物」をいいます。職業課題を実施する目的には次の点があります。

- ・自立してその課題に取り組む
- ・さまざまな職業スキルを高め、職業態度を育てる
- ・集団の中や作業内容が変わっても混乱せずに作業を行う
- ・職業課題を通して自分に合った職業（職種や職場）を見つける
- ・職業課題を通して、職業生活においてどのような配慮が必要かを明らかにする

　福祉現場でよく見られるのは、作業そのものをはじめ、作業の開始や終了の合図、作

業内容の変更、材料の補充など、作業全般にわたって担当職員が主導で行い、その結果職員の声かけや直接的な介助がないと自閉症の利用者は作業ができない状況にある、というものです。自閉症の人が自立して作業を行う機会は非常に少なく、自分の能力を十分発揮できないまま単調で簡易な作業に従事し続けている可能性があります。本人には難し過ぎたりわかりにくい課題を受動的に与えられることで、仕事に対する拒否感や不全感を高めている場合も考えられます。一人ひとりに合った職業課題を適切に用意することは、自閉症の人の職業生活全般の質的向上に寄与することにつながります。

職業課題の作成プロセスは次項で説明しますが、自閉症の障害特性に配慮した職業課題の工夫としては、次の3つのアイデアがあげられます。

❶課題の組織化	材料の仕分け（容器）、物理的な配置の整理、番号や矢印の使用
❷視覚的明瞭化	色、マーク、アンダーライン、太字、枠などを使って、重要な情報を視覚的に強調する
❸視覚的指示	見本、完成品、ジグ、指示書（絵や写真、数字、文字）などの使用

表2　職業課題の工夫の例

❶課題の組織化

職業課題の内容（各材料）を作業手順に沿って組織的・系統的に配置します。課題の細部や一部分にとらわれて全体の関係や完成品をイメージすることが苦手な自閉症の人は、その課題を自分なりに組織化し合理的に構成することがうまくできません。そのため、材料の数や種類が多くなると手順が混乱したり、注意が続かずに材料で感覚遊びをしてしまうなどの問題が生じます。課題を組織化しておくことは、このような自閉症の障害特性を補う役割を果たします。自閉症の人は一般に視覚認知が強く、簡単な手順や配置をパターン化して覚えることが得意なので、組織化する場合も、自閉症の特性にお

図3　組織化の例（ボールペンの組み立て）

図4　組織化の例（引出し番号による材料の整理

けるこのような強みを活かします。

　例えば、容器や仕切版、棚などを使って種類ごとに材料を仕分けておき、作業手順に沿ってそれらを左から右、上から下という一定の流れで配置するようにします。また番号や矢印を使って、次にどの材料を使えばいいのかを視覚的に指示する方法も組織化の一部だといえます。

❷視覚的明瞭化

　視覚的な刺激に反応しやすい自閉症の特性を活かして、課題に取り組むために必要な情報を強調するアイデアが視覚的な明瞭化です。それと同時に不必要な刺激は目立たなくすることで視覚的な乱雑さやあいまいさを減らします。

　材料や容器に色やマークをつける、指示書の文字にアンダーラインを引いたり太字にする、枠を色で囲むなどの方法があります。一度に複数の課題を行う場合は、視覚的明瞭化も系統的に意味づける必要があります。例えば、文字情報を強調するときはどの課題でも赤マジックでアンダーラインを引いておくようにします。そうすることで、課題に取り組む自閉症の人は常にどこに注目すればいいのかがすぐにわかることになります。

❸視覚的指示

　課題のやり方や取り扱い方を視覚的に説明するアイデアです。自閉症の人は見たとおりに作ったり見本と照合することが得意なので、「目で見てわかる」指示が有効です。見本や完成品を実物や絵で示すことは「何を作ればいいのか」を視覚的に示す最も簡単でわかりやすい方法です。一般にジグとは材料や道具の置き場所に実物大にかたどった枠や絵のことで、「ここに当てはまる物を置きなさい」ということを図示しています。

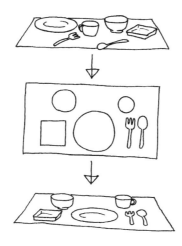

図5　ジグの例（置き場所を実物大にかたどったシート）

指示書とは作業の手順ややり方の一部または全部をその人が理解できる文字や数字、絵や写真を使って説明するものです。

　以上、3つのアイデアは機能的に分類したものですから、実際には組み合わさって職業課題の作成に活かされることになります。例えば、材料を容器ごとに作業手順に沿って左から右に配置し、各材料の置き場はジグを使って示され、容器や材料には番号や色で視覚的に強調されている、といった具合になります。

図6　視覚的構造化のアイデアを組み合わせる（指示書の使用、文字情報の強調、仕切り板の使用など）

(5) 職業課題の作成プロセス

　それでは実際に、自閉症の人一人ひとりに合った職業課題を作成してみましょう。個別援助プログラムにおける課題作成のプロセスは以下のようになります。

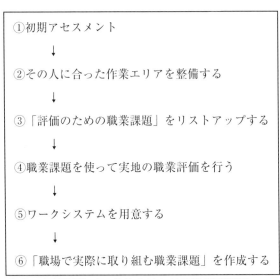

表3　個別援助プログラムにおける職業課題の作成プロセス

❶初期アセスメント

　初期アセスメントは、その人の援助プログラムを立案するために必要な基礎情報を集めることで、プログラム立案の初期の段階に集中的に行う包括的な個別評価や環境調査のことです(例えば、福祉施設に利用者として新しく自閉症の人を受け入れるときなど)。個別援助プログラムでは本人と環境との相互作用に着目し、現状の適応状況から、より効果的な地域生活支援の方策を模索していきますので、初期アセスメントでも＜本人に関すること＞と＜周囲の状況＞との両方向からアプローチします。

　初期アセスメントによって、私たちは支援対象となる自閉症の人の障害程度、生活状況、コミュニケーションや職業スキルの度合い、仕事に関する好き嫌い、不適切な行動の有無、地域にある社会資源の利用状況、家族の希望、将来の展望などをトータルに捉えます。そのうえで、職業や日中活動に関する援助プログラムとしては、本人にどのような職場環境や職業課題が適切であるかおおよその目安をつけておきます。

＜本人に関すること＞	＜周囲の状況＞
フォーマルな評価（知能検査など）	現在の生活スタイルの把握
インフォーマルな評価（日常の観察など）	（スケジュール調査や生活地図）
全般的な行動観察	家庭状況と家族のニード
これまでの記録のレビュー	支援機関の有無
関係者への聞き取り	近隣にある社会資源の利用状況

表4　初期アセスメントのための調査・評価項目

❷その人に合った作業エリアを整備する

　通常、福祉現場にしろ就労先の企業にしろ、そこで働く自閉症の人たちの作業エリアや作業内容はすでに決められているものです。授産施設のクッキー班に所属する利用者が屋外で農作業をすることはまずありませんし、クリーニング工場で働く自閉症の人は隣の工場で行っている旋盤工の作業はしません。

　しかしここでは、一人ひとりの自閉症の人に適した職場条件を見つけるための最初のステップとして職業評価を実施します。「評価のための職業課題」も「職場で実際に取り組む職業課題」も、その職場で考えられる可能な限りの職業課題が提供されることを前提にします。

　作業エリアもまた既存の職場環境を可能な限り組み替え、本人に最適な場所を整備します。初期アセスメントの情報から、周囲の刺激に翻弄されやすい自閉症の人であることがわかっていれば、例えば、刺激を遮断する衝立で囲まれた専用の作業エリアが必要

になるでしょう。

❸「評価のための職業課題」をリストアップする

　その人にはどのような職種や作業内容が適切かを見極めるために、「評価のための職業課題」を使って職業評価を実施します。初期アセスメントの情報だけでは、その職場で要求される職業スキルや職業態度などを具体的に把握することができません。本人の実力を潜在的な能力も含めて把握することがねらいなので、その職場ではふだん行わないような課題も加えて多様な職業課題を使った実地評価を行うようにします。

　最重度の自閉症の人の場合であれば、次のような評価用の課題がリストアップできます。この例からもわかるように、職業スキルに関連するさまざまな領域から満遍なく課題を選ぶようにします。

　実際には、1回の評価セッションに20〜30種類の課題を用意します。課題用のカゴの中にそれぞれの課題に必要な材料・道具を入れて実地評価に臨みます。「評価のための職業課題」の段階では、本人がどのように課題を理解し、取り組むのかを評価することがねらいですので、自立を目指して課題を工夫する必要はありません。

領域	「評価のための職業課題」の例
組み立て、分解（道具の使用）	「ひも通し（ビーズ10個）」「ボールペンのキャップはずし（10本）」
	「ドライバーを使って、板にねじをしめる」
分類、照合	「3種類の部材を種類ごとに各容器に仕分ける」
	「3種類の色カードの上に同じ色のブロックを乗せる」
袋詰め	「封筒にチラシを1枚入れる（10セット）」
教科関係	「ひらがなのなぞり書きをする（10文字）」
事務関係	「封筒をスティックのりでのり付けする」
家事関係	「ハンカチをたたむ（10枚）」「布巾でテーブルを拭く」

表5　自閉症の人が行う「評価のための職業課題」の例

❹「評価のための職業課題」を使って実地の職業評価を行う

　次にこれらの職業課題を使って自閉症の人に課題に取り組んでもらい、以下のポイントから観察し記録していきます。

　　1）職業スキル（特に、芽生えスキル）
　　2）得意・不得意（認知的な特徴）
　　3）興味関心

4）職業態度
5）理解の度合い

1）職業スキル

　その人の手先の器用さや道具・材料の取り扱い方を観察し、その職業課題をどの程度自立して行えているか、あるいはまったくできないのかという自立の度合いを技能面から評価します。重要なのは、完全自立とはいえないが、ある程度は取り組めている芽生えスキルに着目することです。この芽生えスキルをターゲットにした課題を用意し計画的に教えていくことで、将来そのスキルを習得する可能性が高くなるからです。芽生えスキルに着目することで、職業スキルにおける学習テーマを合理的に導くことができます。

2）得意・不得意

　その人がどのように職業課題に取り組んでいるか、またその取り組み方法に注目することで得意・不得意のさまざまな側面を確認できます。例えば、いつも材料を一直線に並べたり向きをそろえて置こうとしているなら、その人は「並べること、視覚的に整然と整えることが得意である」と評価できます。たくさんの材料があると感覚遊びになってしまったり、期待されたやり方を無視して自分流に材料を組み合わせてしまうのであれば、「一度にたくさんの材料を扱うのは不得意である」と捉えることができます。このように得意・不得意の評価は、自閉症の特性を職業課題の面から捉えているともいえます。

3）興味関心

　その人が何に注目し魅了されているか、また通常なら興味関心をいだくようなテーマや素材に対するその人なりの反応の仕方から評価します。興味関心や好き嫌いを評価することで、その人にとって意味のある作業内容や仕事に対する動機を導き出すことができます。

　感覚刺激に対して、材料や容器の手ざわり、におい、光の反射、音などに過反応を示すかもしれません。自発的に行動する様子から、その人の好き嫌いを知ることもできます。一般に、好きな活動や課題であれば人はその対象に接近しようとし、嫌いであれば自分から距離をとったり意図的に注意をそらすようなふるまいが見られます。課題の内容によって興味関心が左右される場合もあるでしょう。ある自閉症の青年になぞり書きの課題を行ったところ、果物や動物の名前をなぞり書きするときは淡々と行っていまし

たが、鉄道やバスの名前を書くと俄然集中し、前向きに楽しく課題に取り組んでいました。彼は明らかに乗り物関係に興味関心があったといえます。

4）職業態度

　課題に取り組む姿勢、同僚や上司に対する協力の度合いなどから評価します。職業態度は、職場適応を成功させるための重要な要因になります。職業スキルが非常に高く一つひとつの作業については何でもよくこなす人であっても、作業内容を変更されることに強い拒否を示したり、監督者がそばにいないと仕事のペースが極端に落ちる、体調不良でもないのに遅刻や欠席が頻繁にあるなどの問題があると、その人の職場適応はかなり難しくなります。地域での就労を目標として、職業態度の面ではどのような支援が必要かを常に確認しておくべきです。

5）理解の度合い

　与えられた職業課題をその人はどのように捉えているか、作業の見通しはどれくらいもてていて、援助者の指示はどの程度わかっているか、といったことを評価します。例えば、封筒10枚にハンコが10コそれぞれの容器に入った課題を渡され、「ハンコを封筒に1つずつ入れてください」と口頭で指示されたとします。しかし、その自閉症の人はその課題を見て、即座に封筒にハンコを押そうとしました。このとき評価者は、その人の理解の度合いと捉え方（＝言葉の指示ではなく、目で見て理解した・経験的に捉えた）に注目すべきです。自閉症の人の理解の度合いと独特の捉え方を把握することで、職業

課題	援助者の対応（指示の方法）	本人の取り組みの様子（スキル、得意不得意、興味関心、職業態度、理解の度合い）
ひも通し（ビーズ10個）	援助者が本人に課題を渡し、声かけで「ひも通しをしてください」と伝える ↓ 援助者がモデルを示し、本人の課題箱からビーズを1つひもに通して、それを本人に見せる。	最初、課題の意味がわからず、ビーズを手に持って机を叩いて音を聞いている。ロッキング（体を前後等に振る行動）が激しい。 ↓ モデルのやり方を見て、本人もビーズを手に取りひも通しを始める。ビーズの色ごとにビーズを通す（最初青色、次に赤色、最後に黄色）。ビーズを最後まで通すと、完成品のひもを揺らしてしばらく眺めている。

表6 「評価のための職業課題」セッションにおける記録の取り方の例

課題の提示の仕方や指示の出し方を修正し、自閉症の人に的確に伝えるための方策を検討します。

　実際の評価場面では、用意された20〜30種類の職業課題を逐次本人に取り組んでもらいながら、上記のポイントを中心に観察し記録していきます。課題を渡し、最低限の指示で本人が自発的にどのように取り組むかを見るようにします。本人が課題にうまく取り組めないときは、直接的な支援となるプロンプト（行動を促すために行う手助けや手がかり）の度合いを系統的に操作して（一般には、声かけ→ジェスチャーや指さし→手を添えるの順にプロンプトの度合いを高めていく）、うまく課題に取り組めるように援助します。どの指示方法が有効であったのかも記録しておきます。

　このように「評価のための職業課題」を実施することで、次のステップとなる「職場で実際に取り組む職業課題」を具体的に作成するための実践的な情報を収集することができます。

❺ワークシステムを用意する
　ワークシステムとは、自閉症の人が自立して作業などの諸活動を行うのに必要な以下の情報を、本人にわかるように整理し、一定のシステムにして（「同じやり方で」「同じ流れで」「同じルールで」）伝える方法です。

　　・何をするか
　　・どれくらいするか
　　・どうやったら終わるか
　　・終わったら次はどうするか

　職業課題として「ボールペンの組み立て作業」を想定してみましょう。ある自閉症の人に「ボールペンを作ってください」と口頭で指示し、材料をバラバラに渡したとします。しかしそのような伝え方では、その人には課題の意味が理解できず自発的に課題に取り組もうとしないかもしれません。あるいは、どれくらいその作業をしなければならないのかの見通しがもてず、途中で離席してしまうことが考えられます。材料のボールペンの芯で落書きをしたり、キャップを口に入れてしまって感覚遊びが始まり、期待する作業が成り立たない可能性もあります。結局、援助者（施設職員や職場の同僚）がそばについて本人の手を取ってやり方を教えたり材料を管理することになり、自閉症の人は自立して作業ができないでいます。

　なぜこのような事態になるのでしょうか？

それはワークシステムの基本情報（何をするか、どれくらいするか、どうやったら終わるか、終わったら次はどうなるか）が、本人にわかるように伝わっていないからです。この事例は、その人の職業スキルの問題というよりも、自分のもっている職業スキルを系統的に組み合わせて「ボールペンの組み立てという活動を成り立たせること」に困難さを抱えていたのです。ワークシステムは、自閉症の人のこうしたハンディキャップを補うものです。

「ボールペンの組み立て作業」におけるワークシステムとしては、次のような整理の仕方が考えられます。視覚的な理解が強く同じ動作を繰り返すことが得意な自閉症の特性を活かします（もちろん個別の評価に基づいてワークシステムも用意しますので、あくまで参考例です）。

何をするか	「ボールペンの組み立て作業」を明確に示すために、課題箱の中には、各材料（ボールペンの芯やキャップなど）ごとに仕分けて作業手順に沿って左から右に配置し、一番右側には完成品を入れるようにする。課題箱が作業机に1つだけ置かれていて、この課題に取り組むことを視覚的に明示する。
どれくらいするか	課題箱の中にある材料がすべてなくなるまで行う（左から右にある材料を使う）。
どうやったら終わるか	課題箱の中にある材料がすべてなくなれば終わり。完成品がすべてできあがれば終わり。
終わったら次はどうなるか	完成品とすべての容器を作業机右下にある片付け箱に片づけ、休憩エリアに移動して休憩する。

表7　ボールペンの組み立て作業のためのワークシステムの例

この例では、ワークシステムの一般的なアイデアである＜左から右＞や＜片付け箱＞のシステムを使っています。さまざまな職業課題に対しても同じワークシステムに従って取り組むことで、本人はより自立して作業を行うことができるようになります。逆に、ワークシステムが整っていないと、いくらその人の職業スキルに合った職業課題を提供しても、自閉症の人はそれを仕事として成り立たせることが困難になります。

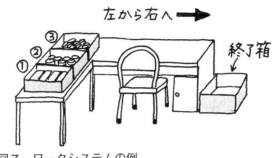

図7 ワークシステムの例

❻「職場で実際に取り組む職業課題」を作成する

その人の職業スキルや得意・不得意が評価され、個別化された作業エリアとワークシステムが整備されると、次のステップは「職場で実際に取り組む職業課題」の作成へと進みます。

実際にその職場が提供できる作業種目や職業課題にはどのようなものがあるでしょうか？

職場の環境調査を行い、提供可能な作業メニューをリストアップします。例えば、ある福祉施設では次のようなメニューがリストアップされました。

クッキー班	材料の仕分け、クッキーの成形・焼き・袋詰め・梱包、納品、掃除
紙工班	材料の仕分け、箱作り、梱包、納品・販売、掃除、臨時の内職作業
リサイクル班	空き缶の回収・洗浄・プレス・選別、納品、掃除
その他	事務仕事、館内の清掃、車両の清掃、タオル類の洗濯、荷物運び

表8 福祉施設が提供することのできる作業メニューの例

これらの作業メニューの中から、本人に最も適した職業課題を具体的に選び出しマッチング（本人の能力、得意・不得意を組み合わせること）していきます。これまでの職業評価の情報を総合的に判断して、なぜその職業課題が本人に適切なのかを明らかにしていく必要があります。

□その課題は、本人の職業スキルに合っている	はい	いいえ
□その課題に、本人は興味関心がある	はい	いいえ
□その課題は、本人の得意・強みを活かすことができる	はい	いいえ
□その課題には、不快な感覚刺激はともなわない	はい	いいえ
□その課題は、材料や配置などがよく組織化されている	はい	いいえ
□これまで、その課題を行った経験がある	はい	いいえ
□その課題を、本人は自立して行う可能性が高い	はい	いいえ
□その課題は、日常的にコンスタントに提供できる	はい	いいえ
□その課題を行うことが、本人に意味のあることである	はい	いいえ

表9 本人に合った職業課題を考えるためのチェックリスト

実際には、作業メニューを細かく課題分析し、その作業工程の中のどの部分（あるいは全部）を本人の職業課題として抽出するのがよいかを検討します。場合によっては、作業工程を組みかえたり、新たな工程と組み合わせることが必要になるかもしれません。

（6）教え方のアイデア

ここでは実際の職場で自閉症の人に職業課題を教えるときの効果的な方法を列挙します。ワークシステムや視覚的構造化などすでに説明したものもありますので、重複を避けるため、これまでふれていない点を中心に紹介します。

❶新しい課題は1対1の場面で教える

新しく取り組む課題は、自閉症の人には見通しがもてなかったり、目の前にある材料やこれまでの経験から自分なりに判断して間違った作業を行う危険性があります。そのため最初の段階では、作業工程の最初から最後までを援助者（直接対応する施設職員や同僚）がきちんとついた1対1の場面設定の中で、集中的に正しいやり方を教え、本人の自立度や理解の仕方に合わせて課題を修正していく必要があります。本人が自立して新しい課題に取り組めるように従い、援助者は徐々に援助を減らしてき（フェードアウト）、本人専用の作業エリアや集団作業の場面でその課題に取り組めるようにしていきます。

❷システマティック・インストラクションを使う

援助者間の対応を統一することで自閉症の人の混乱や不安を減らすことができます。援助者の指示の出し方・教え方も、次の4つのプロンプトを系統的に操作することにより、その人に合った最も効果的な方法を導き出すことができます。

- 簡単な声かけ
- ジェスチャーや指さしを使う
- モデリング（見本を示す）
- マイルドな身体介助（手を添えて教える）

　基本的には、本人の自立の度合いに応じて、介入の程度が最も低いプロンプトである「簡単な声かけ」の方向へと移行していき、援助者の直接介入の度合いをフェードアウトさせていきます。

❸活動の流れに沿った肯定的・支持的な合図を送る
　自閉症の人は一度にたくさんの情報を取り扱う「同時並行処理」が苦手です。また、動作がパターン化しやすいため、失敗の経験が誤学習につながりやすいという問題があります。そのため自閉症の人に対しては、常に適切な行動を習得できるような働きかけが重要となります。援助者は自閉症の人に仕事を教える前に、その一連の作業工程と本人の取り組みの流れをシミュレーションし、本人がつまずきやすいポイントを事前に予測しておく必要があります。そうすることで必要な指示を出すタイミングが整理されていきます。原則は「次に行うべき動作」の直前に肯定的な指示を出すようにします（その際、プロンプトレベルも意識的に操作します）。そして、自閉症の人がうまく作業に取り組めたらそのつど支持的に応え、うまくいった行動を積極的に認めていくようにしましょう。

　逆に、間違った行動を本人に経験させてから叱責したりやり直しをさせるような対応では、その不適切な行動パターンだけが強化されていく危険があります。

❹適切な行動を強化する
　適切な行動を強化する方法としては、次のようなアイデアがあります。

- 常に肯定的で支持的な合図を送る
- 「終わり」を明確に伝える
- 本人にとって興味関心の高いテーマ・活動・素材を作業の中に組み込む
- 強化子を計画的に使う

　自閉症の人は社会性や想像力に障害があり、抽象的な因果関係を理解することが苦手です。一人ひとり興味関心にも偏りがあるため、一般的には有効な「社会的な賞賛」や

「労働の対価としての賃金」が強化子にならないことがよくあります。その人にとって意味のあるもの（それは、「ジュースを飲むこと」かもしれないし、「ＴＶ番組を観ること」かもしれない）を個別に強化子として設定して、仕事の意味や期待される行動を本人に伝えることが必要になります。

まとめ

　本章では、自閉症の人に合った職業課題の提供を中心に、自閉症の人たちが働きやすい職場環境や援助者の対応について検討しました。その基本的な考え方は、自閉症の障害特性をよく理解することと、個別の評価に基づいて職業課題や職場環境を調整することです。

　自閉症の障害特性を無視して無理な要求を強いることが不適応行動を助長させ、社会参加を阻む大きなバリアになっています。「意味とりの障害」を補う構造化の方法は自閉症支援の中心的なアプローチであり、自閉症の人のバリアフリーを進めます。既存の作業現場や職業課題を見直し、一人ひとりの自閉症の人にとって働きやすい環境を整える取り組みに着手することが、私たち援助者に求められています。

<参考文献>
ウィング,W.:『自閉症スペクトル－親と専門家のためのガイドブック－』、1998年11月、東京書籍
小川　浩編:『ジョブコーチハンドブック』、平成14年度厚生労働科学研究障害保健福祉総合研究事業、横浜やまびこの里
佐々木正美監修:『青年期自閉症へのサポート－青年・成人期のTEACCH実践－』、2004年8月、岩崎学術出版社
ショプラー,E.・佐々木正美監修:『自閉症の療育者－TEACCHプログラムの教育研修－』、1990年12月、神奈川県児童医療福祉財団
藤村　出ほか:『自閉症の人たちへの援助システム－TEACCHを日本でいかすには－』、1999年8月、朝日新聞厚生文化事業団

第2章

自閉症の人たちの職業課題サンプル
～一人ひとりに合った作業内容を考える～

　一人ひとりの能力、特性に合わせて工夫をしていけば、作業(職業課題)もよりスムースに進めていくことができます。「あきっぽい」「作業に集中できない」と決めつけず、自閉症の人が自立して作業に参加できるようにそれぞれに合わせて課題を考えていくことが重要です。

　ここでは、各施設で取り組まれている職業課題サンプルを紹介します。

1

（1）最も簡単な課題

「棒入れ」
「ボルトナットの組み立て」

【利用者のプロフィール】

＊知的レベル……………重度知的障害をともなう自閉症。

＊理解の度合い…………文字・言葉の理解は難しい。具体物・写真で予定を伝えている。

＊職業スキル・職業態度……視覚的にわかりやすい課題は集中して取り組むことができる。

＊行動上の特徴…………イライラすると手を噛む自傷行為や嘔吐、叩くなどの他害行為がある。

＊その他特記事項………音声刺激や環境の変化が苦手。食べたものを反芻することが頻繁にある。

1-1 棒入れ　作業の内容：組み立て

＜課題＞

＜実施場面＞

課題の内容：左のトレイより緑の棒を1つ取り、右の穴へ入れる。すべて入れれば終了。

課題の工夫・視覚的構造化：終わりがわかりやすい。グラグラしないように容器類は固定して、課題に取り組みやすいようにする。穴に棒と同じ色のテープを貼ることで工程を視覚的に明瞭化する。

1-2 ボルトナットの組み立て　作業の内容：組み立て

＜課題＞

課題の内容：ボルトナットを組み立てて右端のトレイへ完成品を入れる。

課題の工夫・視覚的構造化：各部品に分類して材料をセットし、左から右の流れで組み立ての手順を提示。右端に完成品を入れるケースを置く。

「チップさし」「チューブはめ」

【利用者のプロフィール】
* 知的レベル………………重度知的障害をともなう自閉症。
* 理解の度合い……………具体物なら理解することができる。
* 職業スキル・職業態度…差し込む、はめ込むといった単純な作業を行う。手先は不器用であるが、単純作業であれば一定時間集中して行える。
* 行動上の特徴……………水、紙にこだわりあり。活動の切り替えが苦手。納得がいかないときには自傷行為がある。

2-1 チップさし　作業の内容：組み立て

＜課題＞

＜実施場面＞

課題の内容：ペンの先の組み立て。2つの部品を組み立てる。芯にシルバーのプラスチックをはめ込む。

課題の工夫・視覚的構造化：材料を2種類とも向きをそろえ、並べて置く。手順を統一する（左から右にはめ込んでいく）。

2-2 チューブはめ　作業の内容：組み立て

＜課題＞

課題の内容：コーヒーメーカーの部品の組み立て。中央の部分にゴムを差し込む。

課題の工夫・視覚的構造化：着目してもらいたい箇所（ゴムを差し込む穴）をテープでマーキングする。

「おもちゃのコマを容器に入れる」「ボタンを合わせる」

【利用者のプロフィール】
* 知的レベル……………重度知的障害をともなう自閉症。
* 理解の度合い…………日常的によく使う単語なら話し言葉でも理解できる。文字は読めない。予定は具体物を使って伝えている。
* 職業スキル・職業態度…飽きやすく、課題の量には配慮が必要。
* 行動上の特徴…………人への関心、依存度が高い。慣れない場所では緊張が高く、拒否的になりやすい。人・物の位置へのこだわりが強い。

3-1 おもちゃのコマを容器にはめる　作業の内容：照合

＜課題＞

＜実施場面＞

課題の内容：容器にコマをはめていく。
課題の工夫・視覚的構造化：コマが1つピッタリ入るような容器を用意する。容器は規則正しく並ぶようにセット。コマがなくなれば終わりとなり、終わりがわかりやすい。

3-2 ボタンを合わせる　作業の内容：組み立て、個別机上作業

＜実施場面＞

課題の内容：台紙にセットされたボタンを合わせる。
課題の工夫・視覚的構造化：台紙は動かないようにセットし、課題に取り組みやすいようにする。始まりと終わりを明確にする。

4 「キャップを締める」「おもちゃの袋詰め」

【利用者のプロフィール】
* 知的レベル………………重度知的障害をともなう自閉症。
* 理解の度合い……………日常的によく使う単語なら話し言葉でも理解できる。文字は読めない。日常の流れの中で日課を理解している。日課の変更を柔軟に受け止めることはできる。
* 職業スキル・職業態度…手先は器用。手順をきっちりと伝えなければ、自分流に仕事内容を変えてしまう。
* 行動上の特徴……………物の置き場所や置き方にこだわる傾向がある。

4-1 キャップを締める　作業の内容：組み立て

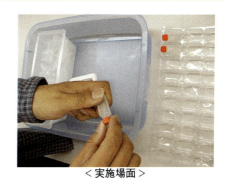

<課題>　　　　　　　　　　　　　　<実施場面>

課題の内容：ボトルのキャップを締める。
課題の工夫・視覚的構造化：フタを締めたボトルは、本人が置き方にこだわらないようにきっちり収まるケースを準備。ボトルとキャップがなくなれば終了と、終わりを明確にしている。

4-2 おもちゃの袋詰め　作業の内容：パッケージング

<実施場面>

課題の内容：コマのおもちゃを袋に入れる。
課題の工夫・視覚的構造化：入れ終わった袋がケースにきっちり収まるようにする。
　終わりを明確にし、上から下、左から右の流れに沿って作業ができるように材料をセットする。

「ビー玉をはめる」「ボールペンキャップ締め」

【利用者のプロフィール】

* 知的レベル………………重度知的障害をともなう自閉症。
* 理解の度合い……………言葉の理解は難しい。スケジュールは写真を使用（以前はミニオブジェクトを使用）。
* 職業スキル・職業態度…集中力があり、長い課題も行うことができる。しかし理解度が低く、指示書はうまく使えない。
* 行動上の特徴……………イライラすると低く大きな唸り声をあげる。また収集行動が見られる（石・ブロックなどで、感覚遊びができるものに固執）。

5-1 ビー玉をはめる　作業の内容　照合

＜課題＞

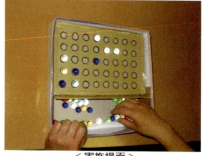
＜実施場面＞

課題の内容：窪みにビー玉を1つずつ入れていく。

課題の工夫・視覚的構造化：照合させる窪みのある台紙は材料のある位置よりも高くしてあり、課題に注目しやすいようにしている。ビー玉がなくなれば終了と、終わりがわかりやすいようにしている。また、ビー玉を入れる窪みはビー玉がきっちりとはまる形にし、1対1対応できるようにしている。

5-2 ボールペンキャップ締め　作業の内容　組み立て

＜課題＞

課題の内容：ボールペンのペン先に1つずつキャップを締める。

課題の工夫・視覚的構造化：左から右の流れで組み立てできるように材料を提示している。ボールペンのペン先の向きを揃えて提示し、間違いなく仕事に取り組みやすいように配慮する。

「ようじ刺し」「封筒詰め」

【利用者のプロフィール】
* **知的レベル**……………重度知的障害をともなう自閉症。
* **理解の度合い**…………数は少ないが、「トイレ」など日常的によく使う単語なら話し言葉でも理解できる。文字は読めない。写真・色カードなど視覚的な情報を使って予定を伝えている。
* **職業スキル・職業態度**…器用さの要求される仕事や工程の多い複雑な仕事は苦手。量が多くなると集中力が落ちる。
* **行動上の特徴**…………活動場面の切り替えが苦手。トイレを我慢してしまう。活動への参加の拒否は、動かなくなることで表現する。

6-1 ようじ刺し　作業の内容：照合

<課題>

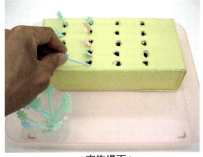
<実施場面>

課題の内容：ようじを穴の開いた部分に差し込んでいく。
課題の工夫・視覚的構造化：ようじがなくなれば終了と、終わりをわかりやすくする。箱には、ようじが1本はまるぐらいの穴をあけ、1対1で対応しやすいようにする。

6-2 封筒詰め　作業の内容：事務作業

<課題>

課題の内容：封筒にプリントを入れる。
課題の工夫・視覚的構造化：プリントを1枚ずつ仕切って立てることで、封筒に1対1対応しやすくする。
プリント、封筒がなくなれば終了。

「えんぴつの箱詰め」「サイコロの色分け」

【利用者のプロフィール】

* 知的レベル………………重度知的障害をともなう自閉症。
* 理解の度合い……………日常的に使う単語で理解しているものもあるが、言葉でのやり取りは難しい。文字は読めない。本人は毎日の流れの中で日課を理解している。
* 職業スキル・職業態度…手先は器用。作業をする力はあるのだが、施設での活動に対して拒否的な態度を示すことが多い。
* 行動上の特徴……………食べ物、物の置き場所や置き方などに強いこだわりをもっている。人から干渉されることを嫌がり、生活の中で自分のスタイルを押し通そうとする。作業には参加しようとせず、休憩場で1日を過ごす。

7-1 えんぴつの箱詰め　作業の内容 パッケージング

<課題>

<実施場面、実際の様子>

課題の内容：えんぴつを箱に詰める。
課題の工夫・視覚的構造化：えんぴつがきっちり収まる1ダース用の箱を利用。えんぴつが全部なくなれば終了。えんぴつを取りやすいように容器に入れてセットする。

7-2 サイコロの色分け　作業の内容 分類、照合

<実施場面>

課題の内容：サイコロを色分けしていく。
課題の工夫・視覚的構造化：サイコロがぴったり収まるトレイを準備し、1対1で対応できるようにする。
　色の識別が得意であり、トレイに色をつけてマッチングしやすくする。

「スプーンとフォークを分ける」「フィルムケースにビー玉を入れる」

【利用者のプロフィール】
* 知的レベル……………重度知的障害をともなう自閉症。
* 理解の度合い…………色と形のマッチングはできる。数字の理解は1～30程度。数字を順番に並べることができる。
* 職業スキル・職業態度…自分の嫌いな作業があると机を叩くなどの不適応行動が見られる。作業時、注意が散漫しやすい。
* 行動上の特徴…………せかされるのが嫌いで、自分のペースで行動することを好む。作業の開始は理解できず、スタッフが準備をすると席について作業を開始する。食べた物を反芻する癖がある。
* その他特記事項………聴覚障害（難聴）

8-1 スプーンとフォークを分ける　作業の内容 形・色の分類

＜課題＞

＜実施場面＞

課題の内容：ピンク、黄色、緑の色分けをする。3種類のスプーンとフォークを形で分ける。
課題の工夫・視覚的構造化：色・形分けをしてもらう箱を透明にして確認しやすいようにする。見本を1本ずつ入れておく。箱に入っているスプーンとフォークがなくなれば終わりとする。

8-2 フィルムケースにビー玉を入れる　作業の内容 パッケージング

＜課題＞

課題の内容：ビー玉をフィルムケースに入れる。
課題の工夫・視覚的構造化：左から右に作業の流れを提示。完成箱を作り、できあがったら入れてもらう。すべてのビー玉、ケースがなくなれば作業終了とする。

「ビーズ色分け」「ビーズ通し」

【利用者のプロフィール】

＊知的レベル……………重度知的障害をともなう自閉症。
＊理解の度合い…………言葉の理解は難しい。スケジュールは線画で提示。ワークシステムは色・形のマッチング。
＊職業スキル・職業態度…長い課題・音声刺激・コミュニケーションの発信が苦手。手先が器用である。
＊行動上の特徴…………イライラすると、手を噛む自傷行為・噛みつく他害行為・長椅子を倒すなどの行為が見られる。待つことが苦手。

9-1 ビーズ色分け　作業の内容：分類、照合

＜課題＞

＜実施場面＞

課題の内容：容器の中にばらばらに入った10色のビーズをそれぞれ同色を枠の中へ分類する。
課題の工夫・視覚的構造化：分別先の各ケースにビーズを貼り付け、その見本を見ながら分類しやすいように配慮する。ビーズがすべてなくなれば終了。

9-2 ビーズ通し　作業の内容：分類、レジャー

＜課題＞

課題の内容：先端にビーズが通してある4本のひもにそれぞれ同じ色のビーズを通していく。
課題の工夫・視覚的構造化：ひもの先に見本となるビーズを通しておき、色の分類がしやすいように配慮する。ビーズがなくなれば終了。手先の器用さを活かす。

「文字（アルファベット）の分別」「ブロック色分け」

【利用者のプロフィール】
＊知的レベル……………重度知的障害をともなう自閉症。
＊理解の度合い…………言葉の理解は難しい。色や形の識別は得意。絵を使って予定を伝えている。
＊職業スキル・職業態度…音やさわがしさなど環境から受ける刺激に反応しやすい。
＊行動上の特徴…………不安定なときは、自傷行為や他害行為が見られる。見通しがもてない時間に不安になることが多い。

10-1 文字（アルファベット）の分別　作業の内容：分類、照合

＜課題＞

＜実施場面＞

課題の内容：左のトレイに入っている文字カードを右のトレイに貼られている文字カードと照合し、分類していく。

課題の工夫・視覚的構造化：カードをすべて同じサイズ・色に統一する。左と右とで文字の色を変えることにより、見本を意識しやすいように配慮する。カードがなくなり、ケースにすべてカードが収まれば終わり。

10-2 ブロック色分け　作業の内容：分類、照合

＜課題＞

課題の内容：4種類の色の異なったブロックを、右側にある同じ色のトレイと照合し、分類していく。

課題の工夫・視覚的構造化：右側のトレイに色をつけることにより、ブロックの照合をしやすくする。またトレイのサイズを統一する。ブロックがすべてなくなれば終わり。

11 「数字合わせ」

【利用者のプロフィール】
* 知的レベル……………重度知的障害をともなう自閉症。
* 理解の度合い…………日常よく使う言葉は理解はできる。簡単な文字は読める。スケジュールボードの内容およびスケジュールを進めていくルールを理解している（上から下の流れ）。
* 職業スキル・職業態度…手先は器用。ドライバーを使える。課題があれば集中できる。
* 行動上の特徴…………他の人の衣服の乱れやゴミが気になる。本人の作業資材を提示しないと作業室にあるすべての資材にこだわり、残量を気にする。

11-1 数字合わせ　作業の内容 照合

＜課題＞

＜実施場面＞

課題の内容：箱の中に番号をふった駒を入れておき、箱を振って穴から駒をひとつ出す。その駒をシートに書かれた同じ番号の上に合わせて置く。シート上の数字の並びや数はいくつかのバリエーションを用意する。

課題の工夫・視覚的構造化：毎回違う数字の駒が出てくるので、数字合わせの順番がワンパターンにならない。シート上の数字の配置を変えてバリエーションを加えることができる。
興味を活かした課題の設定。

12 （2）ジグ・見本・道具を使った課題
「立体パズルの組み立て」
「コーヒーデカンタの組み立て」

【利用者のプロフィール】
- ＊知的レベル………………重度知的障害をともなう自閉症。
- ＊理解の度合い……………言葉の理解は難しいが、具体物や写真を使って理解できる。
- ＊職業スキル・職業態度…手先は器用であるが仕事に対する関心は低い。
- ＊行動上の特徴……………作業時、部品や教材を前歯に当てて感覚遊びをしたり、テープで貼り付けたものや紙類は破いてしまう。衣類を破く。

12-1 立体パズルの組み立て　作業の内容：照合、組み立て、パッケージング

＜課題＞

＜実施場面＞

課題の内容：写真と同じものを組み立てて袋に入れる。
課題の工夫・視覚的構造化：立体的に見えにくいので部品の見本写真を原寸大にする。写真の上から実物をマッチングさせて組み立てができるようにする。

12-2 コーヒーデカンタの組み立て　作業の内容：組み立て

＜実施場面＞

課題の内容：黒いリング状の部材の中央にゴムパッキンをはめ込む。
課題の工夫・視覚的構造化：左から右の流れに沿うように材料を設定。
中央のゴムパッキンがずれないように、ジグを使ってリング状の部材を固定する。

13 「ボールペンの組み立て」「フィルムケースおはじき入れ」

【利用者のプロフィール】

* **知的レベル**……………重度知的障害をともなう自閉症。
* **理解の度合い**…………線画でスケジュールを伝えている。1日のスケジュールではかえって混乱するので、パートに分けて提示する。文字の理解は難しいが、自分の名前（漢字）は形として理解している。
* **職業スキル・職業態度**…ジグを使用することで作業の幅が広がる。理解度も高い。周囲からの刺激がなければ集中して作業に取り組むことができる。
* **行動上の特徴**…………飲食物への固執がある。トイレに頻繁に通う。パニック時は自分の頬を叩いたり、壁への頭突き、破損などの行為が出る。
* **その他特記事項**………イレギュラーな活動があると落ち着かず、居室やタンスなどを確認してまわる行動が見られる。また、ふだん見慣れない人に対して敏感に反応する。

13-1 ボールペンの組み立て｜作業の内容：組み立て

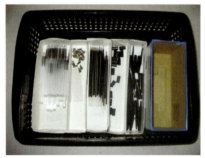
＜課題＞

＜実施場面＞

課題の内容：左から右の順でボールペンを組み立てる。自立して課題を行う。
課題の工夫・視覚的構造化：各材料を組織化し、左から右の流れで組み立てていけば完成できるように工夫。また右端の完成品入れを色テープで明瞭化。

13-2 フィルムケースおはじき入れ｜作業の内容：照合、パッケージング

＜課題＞

課題の内容：材料の形を書いたカードを使っておはじきを1つずつフィルムケースに入れる。
課題の工夫・視覚的構造化：ジグを使用し、作業の順序をわかりやすく示す。
材料はパーツごとに分類し、それぞれ容器に入れておく。指示書を使用し材料の種類・個数の変更を可能にする。

「フィルムケースにクリップを入れる」「洗濯バサミをはさむ」

【利用者のプロフィール】

* 知的レベル………………重度知的障害をともなう自閉症。
* 理解の度合い……………ふだんは具体物・写真でスケジュールを伝えている。文字の理解は難しいが、自分の名前（カタカナ）は理解している。
* 職業スキル・職業態度…比較的手先が器用であり、いろいろな課題に取り組むことができる。理解度も高い。一度作業に入ると集中して取り組むことができる。
* 行動上の特徴……………休憩中に大きな唸り声をあげることが多く、落ち着いて過ごせない。近くに置いてあるおもちゃや物品に固執し、破損することもある。
* その他特記事項…………一日ずっと怒っていることがあり、課題を机の上に叩きつける行為が見られる。

14-1 フィルムケースにクリップを入れる

作業の内容 照合、パッケージング

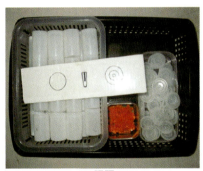

＜課題＞

課題の内容：ジグを使用し、ケース・キャップ・クリップを1セット揃える。クリップをケースに入れキャップを締める。

課題の工夫・視覚的構造化：各材料を組織化し、左から右の流れで組み立てていけば完成できるように工夫。また、ケースの中に入れる物はさまざまなものに変更可能。

14-2 洗濯バサミをはさむ

作業の内容 組み立て

＜課題＞

課題の内容：10個の洗濯バサミを箱の側面にはさむ。

課題の工夫・視覚的構造化：はさむ部分に赤い印をつけ、どこにはさめばいいのかを視覚的に提示する。

15 「ボルトナットの分解と分類」「ビーズ通し」

【利用者のプロフィール】
* 知的レベル………………重度知的障害をともなう自閉症。
* 理解の度合い……………言葉の理解は難しい。スケジュールは線画で提示。
　　　　　　　　　　　　　ワークシステムは色・形のマッチングを利用。
* 職業スキル・職業態度…環境から受ける刺激に反応しやすく、作業時注意がそれ
　　　　　　　　　　　　　やすい。長時間作業に取り組むことができない。
* 行動上の特徴……………イライラすると自傷行為、他害行為が見られる。

15-1 ボルトナットの分解と分類　作業の内容：分解、分類

＜課題＞

＜実施場面＞

課題の内容：組み立てられたボルトナットワッシャーを分解し、それぞれのパーツを指定された枠の中へ分類する。

課題の工夫・視覚的構造化：各ケースの大きさは均等でぐらつかないように固定。ケースの高さを揃えることで視覚的にシンプルにしている。部品数に合わせて部品を分けるケースの数も調整できるようにする。

15-2 ビーズ通し　作業の内容：照合、組み立て

＜課題＞

課題の内容：数種類あるビーズを、指示された順番どおりにひもに通す。

課題の工夫・視覚的構造化：ビーズはあらかじめ分類し、それぞれ容器に入れておく。ジグを使うことで、ひもに通すビーズの数や色をわかりやすく提示する。

「カード袋詰め」「ビーズ通し」

【利用者のプロフィール】
* 知的レベル……………重度知的障害をともなう自閉症。
* 理解の度合い…………スケジュールは写真で提示。文字は読めない。
* 職業スキル・職業態度…手先は器用であるが、自分でやり方を決めてしまうため指示が入りにくい。席を立って作業を行うことがある。
* 行動上の特徴…………こだわりが強い。

16-1 カード袋詰め　　作業の内容　照合、パッケージング

＜課題＞

＜実施場面＞

課題の内容：指示されたカードを袋に入れる。
課題の工夫・視覚的構造化：残りの量がわかるように、材料を入れるケースは大きくする。
　色テープにより完成品入れを明瞭化する。
　指示書を使用することで作業手順を伝え、作業に意識を向ける。

16-2 ビーズ通し　　作業の内容　組み立て

＜課題＞

課題の内容：ビーズに糸を通す。
課題の工夫・視覚的構造化：残りの量の確認がしやすいようにケースの大きさを設定する。
　色テープにより完成品入れを明瞭化する。

「紙のパッケージング」「人形の色分け」

【利用者のプロフィール】
* 知的レベル……………重度知的障害をともなう自閉症。
* 理解の度合い…………写真で予定を伝えている。文字は読めない。
* 職業スキル・職業態度…理解力はあるが、作業への関心は低い。作業中、他のことに気を取られることが多い。
* 行動上の特徴…………指の皮が気になることがよくある（指の皮を噛む）。
* その他特記事項………パニック時には衣類を破くことがある。

17-1 紙のパッケージング　作業の内容：照合、パッケージング

＜課題＞

＜実施場面＞

課題の内容：指示された枚数の青い紙をプラスチック容器に入れる。
課題の工夫・視覚的構造化：材料をパーツごとにセットし、左から順に取ることにより完成する。また、ジグを替えれば枚数の変更が可能。数が数えられなくてもジグを使用することで同じ枚数を入れられるようにする。

17-2 人形の色分け　作業の内容：色の分類

＜課題＞

課題の内容：4色の人形をトレイに色わけする。
課題の工夫・視覚的構造化：トレイに色をつけ、人形とトレイを色マッチング。1対1対応できるようにする。

「ボタンのフィルムケース入れ」「ネジ締め」

【利用者のプロフィール】
* 知的レベル……………重度知的障害をともなう自閉症。
* 理解の度合い…………文字は理解できない。写真や具体物を用いたスケジュールを使用している。
* 職業スキル・職業態度…手先が器用。ハサミ（直線切り）を上手に使う。
* 行動上の特徴…………ほとんどの活動において指示待ちの状態。主体的な行動は少ない。
　　　　　　　　　　　　お茶の要求がまれにある（お茶のほうに手を伸ばす）。
* その他特記事項………てんかん発作あり（1回／週）。

18-1 ボタンのフィルムケース入れ　作業の内容 パッケージング

＜課題＞

＜実施場面＞

課題の内容：ボタンを1つずつフィルムケースに入れ、蓋をする。
課題の工夫・視覚的構造化：左から右の手順で作業が進むように適当なマスのトレーを準備。それぞれのマスにボタン、ケース、蓋を1つずつ置いて1対1で対応ができるようにする。

18-2 ネジ締め　作業の内容 組み立て

＜課題＞

課題の内容：道具（ドライバー）を使用してのネジ締め。
課題の工夫・視覚的構造化：ネジ穴とネジの個数を合わせる。
　ドライバーを置く場所を作る。
　手先の器用さを活かした作業。

19 「決められた場所に線を引く」「ピンセットを使ったビーズの色分け」

【利用者のプロフィール】

* 知的レベル……………重度知的障害をともなう自閉症。
* 理解の度合い…………言葉の理解は難しい。文字は読めない。絵カード・色カードで予定を伝えている。複数の工程がある作業は難しい。
* 職業スキル・職業態度…手先は器用。課題があると黙々と取り組むが、終わりが見えないと集中力が鈍る。
* 行動上の特徴…………身体をゆするロッキング運動が目立つ。紙くず・糸くずなどの異食がある。先に先に行動しようとし、活動を早く終わらせようとする。

19-1 決められた場所に線を引く　作業の内容 事務作業

＜課題＞　　　　　　　　　　　　　＜実施場面＞

課題の内容：紙を二等分するための線を引く（紙の中心に線を引く）。

台紙に紙を貼り、それを下敷きにして紙をセットする。穴の開いた蓋を下ろし、穴に沿って線を引く。

課題の工夫・視覚的構造化：線を中心に引くためのジグを使用。台紙を貼り付け、紙を置く場所を確認しやすくする。

19-2 ピンセットを使ったビーズの色分け　作業の内容 色の分類

＜実施場面＞

課題の内容：道具を使用（ピンセット）してビーズを色分けする。

課題の工夫・視覚的構造化：ビーズを入れるケースを色別に分ける。
それぞれのケースに見本となる色のビーズを1つ貼り付けておく。
手先の器用さを活かす。

「シール貼り」
「プラスチックボタンの組み立て」

【利用者のプロフィール】

* 知的レベル……………重度知的障害をともなう自閉症。
* 理解の度合い…………日常的に使う単語は理解している。文字は読めず、写真で予定を伝える。
* 職業スキル・職業態度…集中力が途切れやすく、終わりがわかりにくい作業は苦手。手先は器用である。
* 行動上の特徴…………人への関心が強く、一方的に話しかける、腕を引っ張るなどの関わりを求める。緑色の光が好き。体力あり。パズルが好き。

20-1 シール貼り　　　作業の内容：事務作業

＜課題＞

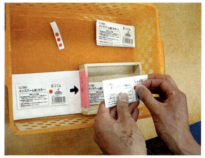
＜実施場面＞

課題の内容：手本と同じ場所にシールを貼る。
課題の工夫・視覚的構造化：材料を置く場所に注意をし、見本を確認しながらできたものを入れる箱までの流れがわかりやすくなるように提示する。

20-2 プラスチックボタンの組み立て　　　作業の内容：組み立て、照合

＜課題＞

課題の内容：プラスチックの蓋とボタンの部分をはめ合わせる。
課題の工夫・視覚的構造化：仕上がった物をトレーのマスに入れていくことで終わりを明確にし、作業に意識が向きやすいように配慮する。興味（パズル、型はめが好き）を活かす。

「おしぼりをたたむ」「コンテナの洗浄」

【利用者のプロフィール】
* 知的レベル……………重度知的障害をともなう自閉症。
* 理解の度合い…………ひらがなで予定を伝えている。
* 職業スキル・職業態度…手先が器用。細かいものでもよく見ることができる。
* 行動上の特徴…………独り言が多い。活動によって決まったこだわり行動がある。突然外に出てしまうことがある。
* その他特記事項………決められた分量ができたら1日100円とし、週ごとに給料を払っている。

21-1 おしぼりをたたむ　作業の内容：家事

<課題>

<実施場面>

課題の内容：殺菌消毒されたおしぼりをたたんで巻く。おしぼりに細かいゴミなどがついていたら取り除く。たたんだおしぼりはクーラーボックスに入れる。

課題の工夫・視覚的構造化：広げてたたむ際、専用のマットを使用（中央のブルーのマット）。これにより、マットの上でたたむということが本人にとって明確になっている。

21-2 コンテナの洗浄　作業の内容：洗浄、共同作業、立ち作業

<実施場面>

課題の内容：食品を入れる運搬用の折りたたみ式のコンテナの洗浄。外側と内側の汚れをたわしで磨く。

課題の工夫・視覚的構造化：洗浄する際に使う机には、コンテナを置く位置をテープでマーキングしている。
洗い終わった折りたたみ式コンテナはうしろに重ねて置く。

「カーテンの止め具の組み立て」「土を運ぶ」

【利用者のプロフィール】
* 知的レベル…………………重度知的障害をともなう自閉症。
* 理解の度合い………………文字は形で覚えている。スケジュールは午前・午後に分け、写真を使用して伝えている。数の概念はない。数分であれば待つことができる。
* 職業スキル・職業態度……日によって集中力に差がある。単純な組み立て作業が得意。
* 行動上の特徴………………気になることがあると走り寄る。楽しみにしている活動、作業はいつあるかスタッフに確認してくる。

22-1 カーテンの止め具の組み立て　作業の内容：組み立て

＜課題＞

＜実施場面＞

課題の内容：カーテンレールにある止め具の組み立て。ジグを使用して止め具を組み立てる。
課題の工夫・視覚的構造化：「並べる」ことに関心があるので、できあがった部材をシートに並べて作業への興味を維持する。シートの端まで並べることで「終わり」を明確にする。

22-2 土を運ぶ　作業の内容：屋外作業

＜実施場面＞

課題の内容：決められた場所に土を運ぶ。
課題の工夫・視覚的構造化：土を捨てる場所を明確にするため、カラーテープで枠を作る。

「ランニング」「文房具のセット」

【利用者のプロフィール】
* 知的レベル……………重度知的障害をともなう自閉症。
* 理解の度合い…………言葉の理解は日常的に使う単語程度（トイレ、ごはんなど）。文字は読めない。写真で予定を伝えている。
* 職業スキル・職業態度…集中力が途切れやすい。終わりがわかりにくい作業は苦手。手先は器用である。
* 行動上の特徴…………人への関心が強く、一方的に話しかける。腕を引っ張るなどの関わりを求める。パズルが好き。

23-1 ランニング　　作業の内容：レジャー、運動

＜課題＞

＜実施場面＞

課題の内容：ランニングをする。
課題の工夫・視覚的構造化：周回数をひもで提示。一周ごとにひもを決められた場所にかけていく。なくなれば終了。終わりを明確にすることで、ランニングに自主的に参加する。

23-2 文房具のセット　　作業の内容：照合、パッケージング

＜課題＞

課題の内容：5種類の文具をプラスチックの台にセットしてケースに詰める。
課題の工夫・視覚的構造化：もともと視覚的にわかりやすく仕切られた入れ物の文具セットを使用する。興味（パズル・型はめ）を活かした作業。

「電気部品の組み立て」

【利用者のプロフィール】
* **知的レベル**……………重度知的障害をともなう自閉症。
* **理解の度合い**…………日常場面での限られた言葉の理解はできる。文字は読めない。
* **職業スキル・職業態度**…弱視のため音や手先の感触に頼るが、手先は器用。
* **行動上の特徴**…………大きな音や声が苦手だが、掃除機をかけることは好き。作業手順の理解は比較的早い。また、感触を頼りに自分なりに工夫する姿勢が見られる。
* **その他特記事項**………弱視である。

24-1 電気部品の組み立て　作業の内容：組み立て

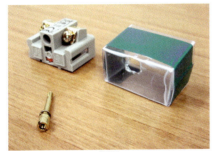
＜課題＞

＜実施場面＞

課題の内容：電気部品の組み立て。

課題の工夫・視覚的構造化：作業場面での自立度をあげる。

　部品の取り付け穴の近くに別のくぼみがあるので、弱視の本人には区別がつかず取り付ける穴を間違えていた。そこでジグを使用して作業に取り組んでもらう。ジグの中に部品を入れると穴の位置が合うようになっている。

　部品が小さいため、机上の部品やジグの位置を定めて、手を伸ばせばふれることができるよう配慮する。

「木箱の組み立て」

【利用者のプロフィール】
* 知的レベル……………重度知的障害をともなう自閉症。
* 理解の度合い…………日常場面での言葉の理解はできる。文字は形でおぼえており、内容の理解は低い。
* 職業スキル・職業態度…手先は器用。ドライバーを使うことができる。課題があれば集中できる。
* 行動上の特徴…………他人の年齢や生年月日、〜年ころには何をしていたのかといったことに関する質問を繰り返す。ほかの利用者の名前を大声で連呼する。することがない時間帯にはこのような傾向が強まる。物を整然と並べることは苦手で机上が雑然となり、混乱の原因となることがある。

25-1 木箱の組み立て　作業の内容：組み立て

＜課題＞

＜実施場面＞

課題の内容：木箱を組み立てて、輪ゴムで止める。

課題の工夫・視覚的構造化：手順よく自立して作業に取り組む。順序に沿って作業に取り組む。次の作業についても、同様に準備したトレイを棚にセットする。

本人は並べることが苦手なので、トレイ上にあらかじめ作業材料を整理し、セッティングしておくことで混乱を防いでいる。

作業内容ごとに専用のトレイを用意する。

（3）文字・数字を使った課題

「クリップの仕分け」
「紙ちぎり」

【利用者のプロフィール】

* 知的レベル……………重度知的障害をともなう自閉症。
* 理解の度合い…………日常的に使う単語は理解できる。5までの数字、ひらがな、簡単な漢字を読むことができる。時計は読めない。文字カードで予定を伝えている。
* 職業スキル・職業態度…終わりを提示することで落ち着いて作業に取り組むことができる。手先が器用。流れを理解すれば複数の工程の作業も可能。
* 行動上の特徴…………水へのこだわり（食器洗い）あり。他者からの干渉は基本的に好まない。怖がりで、大きな音や暗がりが嫌い。

26-1 クリップの仕分け　　作業の内容：色分け、パッケージング

＜課題＞

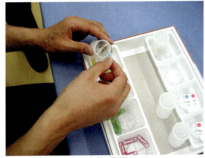
＜実施場面＞

課題の内容：指示書にある色・個数にクリップを仕分け、フィルムケースに入れる。指示書に従って作業を進める。

課題の工夫・視覚的構造化：終わりを明確にすることで自立して作業に取り組む。クリップを色別にケースに入れておく。指示書とフィルムケースが1対1になるように配置。クリップを入れたケース（完成品）の置き場所をわかりやすいようにマーキングしている。

26-2 紙ちぎり　　作業の内容：照合

＜実施場面＞

課題の内容：適当な大きさに紙をちぎる。

課題の工夫・視覚的構造化：ちぎった紙を入れる穴を作る。適当な紙の大きさを穴の大きで表す。

「コンセントの組み立て」
「ボールペンの箱詰め」

【利用者のプロフィール】
* 知的レベル………………重度知的障害をともなう自閉症。
* 理解の度合い……………ひらがな、カタカナは読める。ふだんは写真とひらがなのスケジュールを使用している。20までの数は理解している。
* 職業スキル・職業態度…飽きやすい。セッティングした課題を破いたり壊すことがある。組み立て作業（組み立てるときに手ごたえのある作業）の課題が好き。
* 行動上の特徴……………活動の切り替えが苦手。指示されたり、教えられたりするのを嫌う。同じパターンで動こうとするこだわり行動がある。

27-1 コンセントの組み立て　作業の内容　組み立て

＜課題＞

＜実施場面＞

課題の内容：コンセントの組み立てを自立して行う。組み立てる順番にシートを利用して材料をセットし、番号に従って組み立て作業をする。自立して作業に取り組む。

課題の工夫・視覚的構造化：使う順に材料のトレイに番号をつける。材料トレイとシートの番号をマッチングする。また、コンセントを合わせる際に上下がわかりにくいので、それぞれの材料に青いシールを貼り方向を示した。

27-2 ボールペンの箱詰め　作業の内容　パッケージング

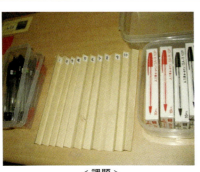
＜課題＞

課題の内容：ボールペンを10本セットにし、箱に入れる。

課題の工夫・視覚的構造化：ボールペンを10本セットするジグを使用する。
　ジグはジャバラになっており、10までの数字がついたくぼみにペンを置いていく。

「作業材料の整理」「ペグさし」

【利用者のプロフィール】
* 知的レベル……………重度知的障害をともなう自閉症。
* 理解の度合い…………日常的に使う単語や2語文程度の理解はある。ひらがな・漢字とも読める。予定は文字を使って伝えている。
* 職業スキル・職業態度…終わりが見えない作業は苦手。工程の多い作業でも手順を理解することで正確に行うことができる。手順がないと、自分のやり方でしようとする。手先は器用である。
* 行動上の特徴…………日課の切れ目でトイレにこもるなどのこだわりあり。物に対してのこだわり（何でも片づけようとする）が強い。

28-1 作業材料の整理　作業の内容　照合

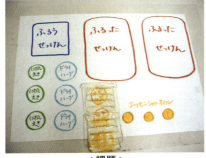

＜課題＞

＜実施場面＞

課題の内容：石けんをこねる作業の材料を整理して置き、作業の流れを確認する。
課題の工夫・視覚的構造化：作業の流れに合った材料の配置を考え、材料置き用の下敷きを作る。材料の入ったケースの置き方や中身にこだわらずに、自立して作業に取り組む。

28-2 ペグさし　作業の内容　照合

＜課題＞

課題の内容：文字で指定された色のペグをさす。
課題の工夫・視覚的構造化：文字を読むことができるので、色の指示は文字で行う。
ペグの数と穴の数を揃えておく。
終わりがわかりやすい課題である。

29 「決められた範囲の掃除」「スタンプ押し」

【利用者のプロフィール】
* 知的レベル……………重度知的障害をともなう自閉症。
* 理解の度合い…………日常的に使う単語や2語文程度の理解はある。ひらがな・漢字とも読める。
  予定は文字を使って伝えている。20までの数字を理解している。
* 職業スキル・職業態度…手先は器用。仕事に集中して取り組める。見通しのたたない作業は苦手である。自分流の作業の進め方をしてしまうことがよくある。
* 行動上の特徴…………予定の変更が苦手。自分の中で予定を立ててしまっていることが多い。掃除をすることに強迫的なこだわりがある。自分で掃除の範囲を決めることができない。イライラすると自傷・他害行為がある。

29-1 決められた範囲の掃除　作業の内容 家事（清掃）

＜課題＞

＜実施場面＞

課題の内容：手順書に沿って決められた範囲の掃除をする。
決められた範囲の掃除を手順通りに自立して行う。
課題の工夫・視覚的構造化：「そうじはここまで」と書かれたボードについている数字を床の数字とマッチングさせて所定の位置に置くことで掃除の範囲を視覚化する。ホワイトボードを使って掃除の手順を示す。

29-2 スタンプ押し　作業の内容 実用的な教科

＜課題＞

課題の内容：見本と同じ数字のスタンプを押す。
課題の工夫・視覚的構造化：見本の部分に注目しやすいように、テープでマーキングする。混乱しないように使わない数字のスタンプははずしておく。

「コインの袋詰め」
「バスの利用（目的地でボタンを押す）」

【利用者のプロフィール】

* 知的レベル……………重度知的障害をともなう自閉症。
* 理解の度合い…………日常的に使う単語程度の理解。文字を読むことはできるが、形として覚えているものが多い。予定はミニオブジェクト・絵や文字で伝えている。
* 職業スキル・職業態度…手先は器用。複数の工程がある作業でも、流れを理解することで取り組むことができる。集中力が続かず、見通しのもてる作業量の調整が必要。
* 行動上の特徴…………人の顔を触ろうとするこだわりがある。集中力が途切れると、作業室内をウロウロと歩く。

30-1 コインの袋詰め　作業の内容 パッケージング

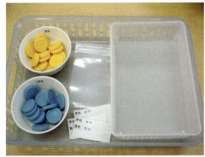
<課題>

<実施場面>

課題の内容：文字で指示された色と数に従って　コインを袋に詰める。
課題の工夫・視覚的構造化：文字カードで色と数を提示する。
　文字カードがなくなれば終了となり、終わりがわかりやすくなっている。

30-2 バスの利用（目的地でボタンを押す）　作業の内容 身辺自立

<課題>

課題の内容：目的地で降車ボタンを押してバスを降りる。
　車内アナウンスがある度に、アナウンスされたバス停が書かれたカードを取っていく（上から順に取る）。ボタンを押してから降車するという流れを覚え、習慣化する。
課題の工夫・視覚的構造化：降車までの流れを文字でスケジュール化。最も着目してほしいカードに色をつける。ボタンを押すことを習慣化するために、作業場面でも終わりの合図にボタンを押す動作を入れた。

31 「コップを洗う」「スタンプ押し」

【利用者のプロフィール】
* 知的レベル……………重度知的障害をともなう自閉症。
* 理解の度合い…………言葉は、日常的に使う単語や2語文程度の理解はある。ひらがな・漢字とも読むことができる。予定は文字を使って伝えている。
* 職業スキル・職業態度…終わりが見えない作業は苦手。工程の多い作業も手順を理解することで正確に行うことができる。手先も器用である。情緒の状態により集中力が左右される。
* 行動上の特徴…………多動。活動がなければウロウロと歩いたり走ったりして落ち着かない。独語も多い。草をちぎることが好き。

31-1 コップを洗う　　作業の内容：家事

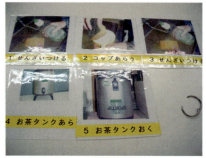
<課題>

<課題>

課題の内容：手順書に沿ってコップを洗う。
課題の工夫・視覚的構造化：文字と写真を使って手順書を作る。コップを洗う手順を覚え、習慣化する。掃除道具を置く場所も決めて、本人が流れに沿って活動に取り組みやすいようにする。

31-2 スタンプ押し　　作業の内容：実用的な教科

<課題>

課題の内容：手本と同じひらがなのスタンプを押す。
課題の工夫・視覚的構造化：見本とスタンプを押す場所が一致しやすいように矢印を使ってマーキングする。下までスタンプを押せば終了と、終わりをわかりやすくする。

「作業表を使う」「袋詰め作業」

【利用者のプロフィール】
* 知的レベル……………重度知的障害をともなう自閉症。
* 理解の度合い…………簡単な漢字も理解しているが、スケジュールは写真で伝えている（文字も添えている）。1～50までの数を数えることができる。
* 職業スキル・職業態度…手先は器用で職業スキルのレベルが高いが、作業に対する興味は薄く、あまり意欲的ではない
* 行動上の特徴…………作業中、集中できないことから周囲を歩き回る行動が多く見られる。

32-1 作業表を使う　　作業の内容：実用的な教科

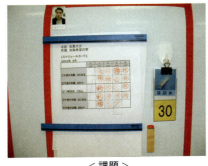

＜課題＞

＜実施場面＞

課題の内容：作業の「はじめ」と「おわり」にハンコを押して作業時間を意識できるようにする。
課題の工夫・視覚的構造化：作業表をハンコで埋めることを目標に作業への意欲を高める。作業表は1週間でハンコが埋まる量にする。

32-2 袋詰め作業　　作業の内容：照合

＜実施場面＞

課題の内容：部材の袋詰め作業。
　設定した数量の仕事に集中して取り組む。
課題の工夫・視覚的構造化：カウンターで数を確認する。数を数えることが得意なので、目標数を設定して終わりを明確にする。完成品は目標数を示したカードと同じ色の箱に詰める。

「カーテンの止め具の組み立て」「トイレ掃除」

【利用者のプロフィール】

* 知的レベル……………重度知的障害をともなう自閉症。
* 理解の度合い…………ある程度の漢字も理解できる。スケジュールも文字で提示。時計は15・30・45分と大きな単位で読むことができる。
* 職業スキル・職業態度…作業能力は高く、いろいろな作業に取り組むことができるが、持続力はない。量・時間など、目標の設定が必要。
* 行動上の特徴…………スケジュールの変更が困難であり、理解することができても納得できずに大声を出すことがある。

33-1 カーテンの止め具の組み立て　作業の内容：組み立て

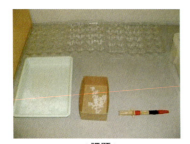
＜課題＞

＜実施場面＞

課題の内容：プラスチックの材料を組み立てる。

課題の工夫・視覚的構造化：できあがった部材をケースに入れていき、パックがすべて埋まれば作業が終わる。完成品を入れるケースで「終わり」を明確にし、先の見通しをたてる。1個ずつ並べることにより、できあがりの様子が見える。

33-2 トイレ掃除　作業の内容：家事

＜課題＞

課題の内容：手順に沿ってトイレの清掃を自立して行う。清掃工程の変更に対応する。

課題の工夫・視覚的構造化：写真を使った指示書カードの使用。
すべての工程が終わったら次の清掃を確認してもらう。

「3種類の部品の袋詰め」「シール貼り」

【利用者のプロフィール】
* 知的レベル……………重度知的障害をともなう自閉症。
* 理解の度合い…………ひらがな、カタカナは読める。数の理解はできる。スケジュールは写真とひらがなを使ったものを使用している。スケジュールの指示で次の行動に切り替えることができる。
* 職業スキル・職業態度…集中力があり、手先も器用（ハサミ、ホッチキスなど使える）。自ら細かいところまで気にすることができる。きれいに並べたり、折り合わせたりすることが得意である。
* 行動上の特徴…………周りをよく気にする。床に作業の部材が落ちているなど、自分の中で決められた物が所定の位置にないと声を上げながら立ち歩く。

34-1 3種類の部品の袋詰め　作業の内容：照合、パッケージング

＜課題＞

＜実施場面＞

課題の内容：3種類の部品を決められた個数（10・2・2）袋に詰める。
課題の工夫・視覚的構造化：部品の種類・個数を確認しやすいように、それぞれの部品の写真があるシートを使用。シートの写真に現物をマッチングさせて、決められた種類・個数の部品を袋に詰める。

34-2 シール貼り　作業の内容：実用的な教科

＜課題＞

課題の内容：台紙の所定の位置にシールを貼る。
課題の工夫・視覚的構造化：左右上下、ずれることなく所定の位置に貼り付けるのは難しいので、シールと同じ大きさに切り抜いたジグを台紙に重ねてシールを貼る。

35 「部品の袋詰め」「計算機の使用」

【利用者のプロフィール】
* 知的レベル………………重度知的障害をともなう自閉症。
* 理解の度合い……………漢字、ひらがな、カタカナを読むことができる。ひらがなと写真のスケジュールを使用している。数字も読め、簡単な計算もできる。
* 職業スキル・職業態度…手先が器用である。集中力は続かない。
* 行動上の特徴……………周期的に不調の波がある。作業時に作業の部材を投げたり、作業材料を入れているかごを机に叩きつけたりすることがある。介入されるのが嫌いで、指示と逆のことをする。

35-1 部品の袋詰め
作業の内容
照合、パッケージング

課題の内容：カードに示された部品を袋詰めする。

課題の工夫・視覚的構造化：袋に必要な部品の写真を貼り付け、写真を見て袋に詰めるようにする。
完成品を入れる容器に『いれる』と書き、ほかの課題のときも統一した形で終了場所を示す。

＜課題＞

35-2 計算機の使用
作業の内容
事務作業

課題の内容：計算機を使用して計算する。

課題の工夫・視覚的構造化：ボタンの数字が大きく、シンプルな計算機を使用する。
計算のはじめに押すボタンがわかるように、計算機のボタンとプリントの計算式の前に同じ黄色いシールを貼り付ける。黄色いシールのボタンから左へ右と数字を押していけば計算が完了する。

＜課題＞

「掃き掃除・モップかけ」
「粘土の計量」

【利用者のプロフィール】
* 知的レベル……………中度知的障害をともなう自閉症。
* 理解の度合い…………ひらがな、カタカナ、漢字が読める。文字によるスケジュールを使用。
* 職業スキル・職業態度…部品や道具をていねいに扱える。仕事が好きである。
* 行動上の特徴…………大きな声で一方的に話す。聴覚、視覚刺激に過敏。
* その他特記事項………仕事への関心が高く、就労を目標に置いている。

36-1 掃き掃除・モップかけ　作業の内容：清掃

＜課題＞

＜実施場面＞

課題の内容：作業場内の階段、廊下の掃き掃除とモップかけ。
手順書をチェックしながら自立して清掃に取り組む。

課題の工夫・視覚的構造化：文字と数字を使った手順書を使用。廊下のエリアを番号で振り分け、エリアとエリアの境界をビニールテープで区切る。区切られたエリア内に番号をうち（写真右。赤いポイントに番号を打っている）、手順書の番号とマッチングしながら作業に取り組む。

36-2 粘土の計量　作業の内容：実用的な教科

＜課題＞

課題の内容：粘土の塊を計量器にのせ、950グラムを量る。
950グラムの粘土の塊を丸める。

課題の工夫・視覚的構造化：950グラムと書いた紙を計量数の横に貼る。
計量器の数字と見本の数字をマッチングさせて計量しやすいようにする。

第3章

事例報告

　職業課題の方法論と課題のサンプルをとおして、一人ひとりの評価から、それぞれに合わせた課題内容を考えることの説明をしてきました。
　ここでは実際に現場で取り組まれている事例の中で、評価に基づいて本人に合わせた支援を組み立てていった過程やその内容、また、さまざまなアイデアを紹介します。

事例 1　作業の自立と活動の広がり

1. プロフィール

Kさん（27歳　男性）

- 知的障害者更生相談所の判定では、自閉傾向を伴う知的発達遅滞。
- 新版K式発達検査（1999年判定）では、発達年齢は5～6歳程度。
- いろいろと言葉を話すが、会話としては成立しづらい。独り言や一方的に本人から話しかけてくることが多い。言葉の内容は他者に言われたことやTVコマーシャルなどで、日によって内容は異なる。口調は本人の状態により、大声、小さい声、激しい口調、笑いながらなど変化がある。また、落ち着きがなく、よくうろうろする。座って作業に取り組めるのは情緒的に安定しているときである。常に爪をかんだり、手が荒れていると自分で皮膚をかんでむいたりと、手先をよく気にしている。

2. 問題点

　情緒不安定時には激しい口調でしゃべり続ける、頭を叩くなどの自傷行為、落ち着きなく走り回る、作業が手につかなくなるなどの様子が見られる。同様のことが家庭でもよく見られ、家族はもう少し落ち着いてくれればという思いをもっている。

　落ち着かなくなるときは何らかの原因があり（他者に叱られた、指の皮をめくって痛いなど）、それを軽減することで落ち着きを取り戻す場合もある。家庭でのことやその日の出来事に起因している場合、周囲にはその原因がわからず、対応に困ることがある。

3. 支援目標の設定

　Kさんに対する支援目標として「落ち着いて過ごせること」を設定し、具体的な課題としては以下の2点を考えた。

　　①1日の流れをわかりやすくし、本人がスムースに動けるようにする
　　②余暇活動を組み立てる

　①について、施設では作業、掃除と役割をこなせるものの、次の場面に移行する際、自主的に動けず随時声かけが必要である（例えば、作業終了後、作業道具を洗う。片づける、その後、掃除をするなど）。そのつど職員が声かけしてしまうことが多くなり、それが本人にとってストレスの一部になっているものと思われる。そこで活動がスムースにつながっていくよう視覚的手がかりやスケジュールを活用するなどの取り組みを考

えた。

　作業場面では、本人はうまく時間配分ができず（時間がないから急いで作業をしようという意識がない）見通しをもって作業を進められていないため、作業内容をより明確にして自立的に作業に取り組めるようにした。1回の作業はいくつできたら終わりという設定にして（少ない量で3回に分ける）、これまでの半日単位の設定からより短い単位で終了させていく。作業の終わり方を明確にして、まずはワークシステムの確立を優先課題にした。

　現在当番で行っている机拭き・コップ洗いも職員がマンツーマンでつかないと続かず、自立した動きがとれていない。そこで写真を使った手順書を用いて、より自立した動きがとれるようにした。

　②については、趣味的な活動がないので、家庭・施設とも本人の興味あるものを模索している段階であった（家族は家庭で何か取り組めるものがあれば、本人の不安定さも軽減するのではと考えている）。家庭からの情報では本人は買い物に興味があるが、1人で行くことはさせていないとのこと。また調理にも興味があり、台所で母の様子を見て野菜を出したり、ごはんができるまで台所を気にしているとのこと。それらをふまえて、買い物や調理を余暇活動のプログラムとして取り組み、休日の家庭での過ごし方をよりスムースにできるのではないか、そのことで家族の負担を軽減できるのではないかと考えた。

4. 支援内容と経過

＜作業におけるワークシステムを明確にする＞

a）作業道具など環境の整備

　作業場の中で本人の使う作業道具がいろいろな場所に置かれているために行動がスムースにいかないと考えられた。そこで、作業道具をKさんの作業台の横のワゴンや棚に集めてみる。はじめのうちは遠くにある雑巾を取りにいったりしていたが、しだいに本人専用のワゴンの物を使用するようになる。使用後の道具もワゴンの中へ片づける。同じように、掃除道具置き場もほかの利用者の物とは区別して、本人専用の物を作業室入り口近くに置くことにした。

b）1回の作業量を明確にする

　はじめ、3段ボックスを使用して半日分の作業を3つに分けておいた。しかし、自分で材料を入れ替えたり、完成しないまま放置したりというこ

とがあったので、作業の提示を1回ずつに変更した。1つのボックスに5〜8個の材料を入れ、すべて完成したら1回の作業を終了し、休憩とした。

完成品の石けんは1つずつ並べられるように台紙を置き、「終わり」が目で見てわかるようにした。

c）作業と休憩の場面を明確に分ける

作業と休憩のエリアは用意されていたが、本人が使いこなせていない状態だった。1回の作業量を明確にし、作業が終われば休憩を休憩エリアでとるようにタイマーを5分セットして、タイマーが鳴れば休憩時間は終了し、作業に戻ることとした。はじめのうちはエリア間の移動がうまくいかず、タイマーが鳴っても休憩エリアで座ったままでいたり、席を立ってウロウロして次の作業に移れないでいた。しかし、取り組みの2か月後より、2つのエリアの移動がスムースになってきた。タイマーのセットとストップも自ら行うようになった。

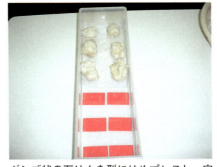
ダンゴ状の石けんを型にはめプレスし、完成した石けんは赤い紙を敷いた場所に置く

休憩時間の提示

＜作業終了後の片づけの活動について＞

作業と休憩をスムースに行動できるようになってから、一日の作業終了後の片づけについても自立して行動できるように手順書を使うこととした。手順書は単語帳のように1枚ずつめくるもので、文字と写真で提示した。

1）道具を洗う
2）道具をふく
3）道具を片づける
4）ぞうきんしぼる
5）プレスふく
6）プレス片づける
7）ぞうきんしぼる
8）つくえふく
9）ぞうきんしぼる
10）ぞうきんかたづける
11）終わりのあいさつ
12）廊下の掃除

休憩時間の提示

＜半日ごとのスケジュールの導入＞

　作業・休憩・片づけの場面で自立して行動できるようになってから、半日のスケジュールを本人に提示した（文字で提示）。

　スケジュールにより日課にも見通しをもてるようになったため、よりスムースに日課に参加できるようになった。

半日のスケジュール

＜本人のできることを活かした役割＞

　朝の会、終わりの会の司会。テーブル拭き、コップ洗いといった当番の仕事についても手順、進行がわかるように手順書を用いることにした。

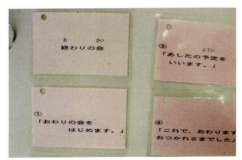
終わりの会の手順書

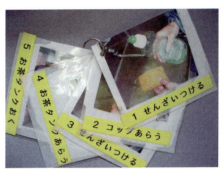
コップ洗いの手順書

＜余暇の取り組み＞

　施設から近くのコンビニエンスストアに買い物に行く日を設定し、手順書を用いてKさんが自立して買い物ができるよう取り組んだ。

　また、時どき外に飛び出したり、休憩時間も仕事をしているため、1人で自由時間を適切に過ごせるように休憩時にパズルをしたり音楽を聴く活動を入れた。

　今後も本人の興味のあるものを探っていきたい。

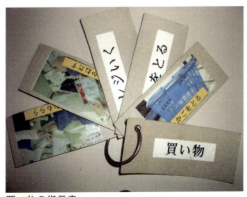
買い物の指示書

事例 2　作業内容の充実とスケジュールの導入

1. プロフィール
Gさん（24歳　男性）
- 重度知的障害を伴う自閉症。
- 新版K式では発達年齢は6歳程度（1997年判定）。言語でのコミュニケーションはある程度可能だが、不明瞭で聞きとりにくい。
- 身辺処理はほぼ自立しているが整容に関しては無頓着。
- 他者からの指示に従うことはあまりなく、自分の要求を押し通すことが続いていた。無理に行動を制止したり、嫌なことを強要するとパニック・他害・自傷がある。パニック時には、身体が大きいので男性スタッフが3～4人でやっと止められるような状態。
- 音楽を聴いたり自転車に乗ることが好き。時どき、無断外出がある。食べることも好きで、お菓子などは一度に多量に食べてしまうことがある。
- 作業は外作業（公園清掃や農作業）をするグループに所属。

＜Gさんの作業での様子＞

　入所当初から作業はあまり好きではないようで、作業の時間になっても居室から出てこなかったり、作業場に行っても作業をしないことが多かった。また、作業に行くように何度も声をかけるとパニックになることもあり、スタッフとしてはどうすることもできない時期があった。

　そこで、作業の動機付けとして「作業をしたらシールをもらう。シールがたまると自転車に乗って出かけ、好きなCDをレンタルする」という報酬を設定し、本人の作業も「農園内通路の掃き掃除（午前中）」と決めて取り組んだ。この取り組みは成果があり、午前中は自発的に作業場に行って自分の仕事をするようになった。

2. 問題点

　ただ、本人の掃き掃除が10分程度で終わってしまう内容であったのがこの取り組みの問題点だった。Gさんは作業をするようになったが、午前中の作業時間（9：30～11：30）のうち、10分間しか活動がなかったのである。作業の増加・変更も考えたが、当時はワークシステムが確立していなかったので、作業の増加・変更を本人は受け入れ

られずパニックになるのではないかという考えがスタッフの中にあった。そのため、なかなかそれ以上の取り組みができない状態だった。

3. 支援目標の設定

　午前中に10分間だけ作業をする状態がしばらく続き、Gさんは自分の作業が終わると作業エリアから勝手にいなくなり無断外出するという問題行動も出はじめた。そういった時期に外部の専門家からのコンサルテーションを受け、現状を相談することになった。相談する中で「午前中の作業時間を増やし、何もすることがない時間を減らす」という目標を立てて支援することになった。無断外出は特に何もすることがないために引き起こされると考え、作業時間を長くすることで予防できると予想された。

4. 支援内容

　a）作業内容の充実

　外作業の仕事の中で本人ができそうな仕事を取り出し、その工程を課題分析して検討した。農園内に倉庫があり、今までしてなかった倉庫の窓拭きをGさんの作業として新たに用意した。

　b）スケジュールで伝える

　本人を混乱させないため、新しい作業の導入前日に個別スケジュールを使って予告した（初日以降は倉庫内の本人用のスペースにスケジュールを置く）。また、理解レベルについてアセスメントを行い、それをもとにひらがなと写真を使ってスケジュールを作成した。

　c）作業の構造化

　窓拭きの順番を決め、バケツを置く位置にはテープで目印をつける。また、本人用のスペースを倉庫内に作った。そこに本人用の清掃道具を置き、休憩スペースも作った。

　d）報酬の変更

　午前中の作業の回数が増えるのに伴い、報酬（シール）の数も増やした（1回の作業でシール1個）。今までの目標の「20個シールを集めてCDレンタルに行く」を、作業の回数が増えたので「40個シールを集めて…」に変更する。

5. 本人の経過

　スタッフ間には、作業を増やしても本当にGさんはやってくれるのかという心配もあったが、個別スケジュールを使って視覚的に説明をすると嫌がらずに作業を行った。窓拭きはスタッフが付き添い、教えながら作業を進めた。同時に作業評価をして、Gさ

んができない点やわかりづらい点について修正し、自立の度合いを高めていった。

窓拭きがおおむねできるようになり、さらにもう1つ作業を増やすことにした。倉庫内の本人用のスペースで、座って行う作業を取り入れたのである。部品の袋詰めやネジ回しの作業を通じて、現在、本人の作業スキルを評価しているところである。

掃き掃除のみの作業時間はたった10分だったが、現在はほかの作業時間も合わせると1時間程度にまで増加している。

```
●作業の流れ(取り組み前)
  9：30  作業（掃き掃除）
  9：40  作業終了　シールをもらって台紙に貼る
         ↓以降、休憩時間
         ※この時間帯に無断外出しようとすることあり

●作業の流れ（取り組み後）
  9：30  作業（掃き掃除）
          ↓
         シールをもらって台紙に貼る
          ↓
  9：40  作業（窓拭き）
          ↓
         シール
          ↓
  9：50  作業（座ってする作業）
          ↓
         シール
          ↓
 10：30  お茶休憩
```

スケジュールの概要

最近になり座ってする作業をしなくなったり、作業自体まったくしない日が出てきており、これまでの取り組みを見直す時期にきている。原因はいろいろと考えられ（座ってする作業が長すぎる、動機が高められていないなど）、本人の状態を観察し、評価しながらこれからの対応を考えていきたい。

午前中の後半に行う作業内容（約1時間）を検討する必要もある。作業中の「することがない時間」がなくなれば、次のステップとしてはGさんの生活場面での活動の組み立てとスケジュールを導入していきたいと考えている。

半日のスケジュール

作業中の様子

事例 3　ひとりで過ごせる時間を求めて

1. プロフィール
O さん（20 歳　男性）
- 療育手帳 A 判定。
- ふだんは物静かであるが、突発的に不適切な行動（他害、便投げ）があり、施設ではマンツーマンでの支援が必要である。O さんのこだわりもあり、特定の職員が本人の支援にあたっている。
- O さんに安定した支援を行うために、積極的に作業場面の構造化に取り組んだ。

2. 支援目標の設定
TEACCH の構造化のアイデアを参考に、次の点に取り組むことになった。
①自立して行動する機会を増やす
　予定や周囲の環境を本人にわかりやすく構造化することで、自立して行動する機会を増やし、職員がマンツーマンで対応しなければならないような状況を減らす。
②特定の職員によらない支援
　どの職員でも本人にスムースな行動を促しやすくするために、環境を整理し、スケジュールの設定をする。
③本人に合った日課の設定
　無理のない活動を適度に用意し、本人専用のスケジュールをわかりやすく提示する。
④排泄リズムの調整
　排泄の傾向をつかんでタイミングよくトイレに促し、トイレで適切に排泄する経験を積むことで排泄のリズムを定着させる。

3. 支援内容
＜物理的構造化＞
　まず施設内で本人の行動範囲を整理し、そこでの支援を展開する。各エリア（＝活動場所）の移動は写真＋文字カードをポケットマッチング（移動の手がかりとする各活動場所にカードと同じ写真を貼ったポケットを準備し、移動後にそのポケットにカードを入れる）することで行う。

（1）トランジションエリア

トランジションエリアは日課の拠点で、半日（午前／午後）のパートデイスケジュール（各エリアへの移動を指示した写真＋文字カードで構成されている）が提示されている。本人はどこへ行けばいいのかをカードで知り、それぞれのエリアへポケットマッチングしながら移動する。そこでの活動が終了するとトランジションカードを持ってトランジションエリアに戻り、また次のスケジュールを確認する。このスケジュールシステムから、本人は今何をすればいいのかがわかるので、見通しをもって日課を過ごすことができる。個室の外のエリア（トイレなど）に移動する際は、他の利用者との接触が考えられ、他害の可能性があるので職員のマンツーマン対応を行っている。

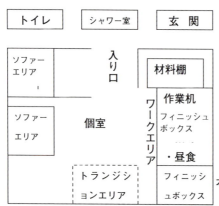

本人の活動場所の見取り図

（2）作業エリア

作業の示された写真＋文字のカードで作業エリアに移動する。後述するワークシステムに従って作業課題を行うエリアである。本人が自立して作業に取り組めるように課題を置く棚と作業机、終了箱を配置している。望ましい形とはいえないが作業エリアでは作業課題を行う以外に、新しい課題の指導、昼食、お茶タイムにも使用している。個室内の物理的な制約があり、現時点ではやむを得ない。

作業エリアとワークシステム

（3）ソファーエリア（休憩エリア）

ソファーのカードで移動する。休憩という言葉は使わず、そのエリアの視覚的な特徴であるソファーを写真と文字で示している。ソファーに座ったら本人がタイマーをスタートさせ、ブザーが鳴るまで待つ。作業エリアとは区分けされた場所なので、ブザーが鳴るまで待つ場所ということがわかりやすく、落ち着いて過ごしている。

（4）ロッカー、トイレ、シャワー、玄関

本人は朝の通所後、カバンと連絡帳をロッカーの決められた棚に置く。トイレでは基本的に洋式便器を使用するよう指示する。排泄で失敗があったときには職員が直接カードを本人に手渡してからシャワールームに移動する。朝は、玄関からトランジションカードにより個室のトランジションエリアへ誘導し、一日のスケジュールが開始する。帰るという指示も、玄関カードで示している。

<コミュニケーション>

職員の指示は、主に写真＋文字のカードとポケットマッチングにより行う。口頭で本人に選択を求めたり質問をして返答を引き出すようなことはせず、次にやるべき活動のみを指示してやり取りによる混乱を防止している。職員間で統一した対応をし、職員個々のパーソナリティーに依存して、異なった対応をすることは避ける。これまで、筆談と二者択一を使いながら意思確認を行っていたが、本人のコミュニケーション能力では難しすぎると評価した。

<ワークシステム>

a）構成

作業課題の入った課題棚、課題の順番を示す作業カードを並べたボード、作業机、終了箱で構成される。作業課題 1 ～ 3 の3種類を1クールとして設定している。本人は作業エリアに来ると、1 ～ 3 の作業課題を示した作業カードに従って順次作業を行い（ボードの上から下へカードを取っていく）、最後にトランジションカードを取ってトランジションエリアに戻る。この間、本人は自立して作業を行っている。

b）作業課題の設定

本人が2～3分で完了できる課題3種類を1組（計10分程度で完了）として1クールにした。本人の様子から、組立の課題よりも分解する課題を中心に、好んでいる課題や難しい課題をバランスよく配分している。現在10種類の課題に取り組んでおり、徐々に増やす予定である。新しい課題に取り組む際は、職員がマンツーマンで指導を行っている。

<スケジュール>

トランジションエリアのボードに午前、午後に分けてスケジュールを提示している。現在1日の流れはほぼ固定しているが、昼食前と日課終了前には定刻の時間に合わせるため、作業課題の回数やソファーでの休憩時間の調整を行っている。

9：20頃	通所、トイレ、着替えなど
9：40頃	作業、ソファー、トイレ
	（本人の様子を見て組み合わせを調節）
12：00	昼食、パズル、ソファ、トイレなど
13：00	作業、ソファー、トイレ
	（本人の様子を見て組み合わせを調節）
15：20頃	お茶、パズル、ソファー、トイレ
16：00 退出	（ショートステイ先へ帰る）

半日のスケジュール

4. 支援経過

　当初は、カードやポケットの使い方をていねいに本人に説明、指導した。5か月が経過した現在、構造化による支援がある程度定着し、いくつかの成果をあげている。

（1）マンツーマン体制の軽減

　構造化による支援を行う前は、本人が通所してから帰るまで、1日を通して職員が常にマンツーマン体制で支援していたが、現在では31.5％（概算値）にまで軽減されている。作業エリアでの課題準備のための業務を含めても直接の職員対応の比率は48.1％（概算値）である。実感としてマンツーマン率は60％くらいに感じるが、課題準備などの間接業務は別のマンパワーに分散して軽減をはかることができると思われる。課題の準備を行うコーナーを設けるなど、まだまだ改善の余地はある。

（2）特定の職員によらない支援体制

　取り組み前にはマンツーマン支援にあたる職員は3名程度であった。現在は本人と関わるシステムが整理されたため、職員個々の得手不得手に左右されず、常時5名は支援に当たることができる。スケジュールやワークシステムの扱いに慣れることで、さらに多くの職員が比較的容易に支援できると考えている。ただし、新しい活動に取り組む際は、特定職員が集中して関わって活動を組み立てることも必要である。

（3）本人に合った日課の設定

　日課は施設全体のものではなく本人のスケジュールに沿って進めることで整理し、現在は落ち着いて過ごしている。排泄の失敗が多いため、トイレに行く回数を日に10回

以上設定している。

　（4）排泄のリズム調整
　現在、紙パンツを使用して着替えの回数を減らすことと、スケジュール調整と声かけによりトイレで排尿する機会を増やすことの2点について取り組んでいる。排便についてショートステイ先と情報を共有し、状況を把握しながら排便の促しのタイミングを調整。1日1回の定時排便と失敗の回数を減少させる取り組みを行っている。多少の改善は見られるが、確かな成果は得られていない。排泄の回数やタイミングはスケジュールで調整が可能なので、本人の状態に合わせて柔軟な対応が求められている。

5. 今後の課題
　今後の課題として、以下の項目があげられる。
①フォーマルな評価に基づいた支援システムの見直し（AAPEP［青年／成人期心理教育診断検査：自閉症者が家庭や地域で生活していくために必要な機能について評価する検査］の実施）。
②本人がトイレに行きたいことを伝えるための有効な方法を見つける（現在は本人が個室にいて職員がそばにいないときがあり、トイレに行きたくても行けないことが多い）。
③作業課題の種類を追加。
④散歩の取り組み（現在、屋外に出る機会がまったくない）。
⑤本人の将来の生活に向けたイメージ作りと関係者間での課題の共有（これまでは施設現場での構造化による支援の構築が主な目標になっていた）。

事例 4　作業場での活動の切り替えを支援する

1. プロフィール
Sさん（33歳　男性）

- 新版K式発達検査（1989年）の結果は、認知適応領域で2歳1か月である。
- 職業スキル：当施設の主な作業は、企業からの組み立て作業（軽作業）と公園清掃などの外作業である。本人は組み立て作業が得意で工程が多い作業でも理解できるが、作業から次の活動への切り替えがうまくできずに特定の作業に固執することがある。自分で部品を準備したり片づけを行うことは困難である（特定作業への固執につながるため）。
- 休憩時間：休憩中は主にパズルをしたり、ウォークマンで音楽を聞いたり、雑誌を見て過ごしている。雑誌は読書というより、めくりながら唇にあてる、匂いを嗅ぐなどの感覚刺激を楽しんでいる様子である。休憩時間中でも作業部品が気になると周囲を探しまわるため、定まった場所での休憩が困難である。
- 対人関係：利用者に対しても、スタッフに対しても好き嫌いが極端である。

2. 支援目標の設定

①作業自体は自立してできる反面、作業部品を探しに行くことに固執して不適切な行動が増えることがある。見通しをもって作業に取り組み、活動の切り替えをスムースに行えるようにするための支援が必要である。

②休憩時は特定の場所で休憩することがほとんどできず、作業場（個人机）でパズルなどをしていても、途中で作業部品を探しまわり、他の利用者に向かっていく行動が多くある。以上のことから、本人が落ち着いて休憩できる環境作りや、作業・休憩を明確に区別した作業場の物理的な整理が必要である。

3. 支援内容

＜物理的構造化＞

a) 目的

物理的構造化に着手する以前は、作業・休憩は両方とも自席（同じ机）を使用していた。そのため作業と休憩の切り替えが理解しにくく、作業の延長として休憩をとる様子であった。また作業終了時もスムースに休憩へと切り替えができず、作業に対する固執が見られていた。これらの状況から、作業場と休憩エリアを本人が理解しやすいよう明確に設定し、スムースに作業から休憩の切り替えができるように物理的構造化を行った。

b) 取り組みの流れ

①新たに自席内のスペースに休憩エリアを用意する。休憩エリアでは「作業部品が気になる」「他の利用者との関係性」を踏まえたうえで、パーテーションを使って物理的に区分けした。

休憩エリア

自席（奥に休憩エリアがある）

②自席内に用意した休憩エリアを自ら利用する様子はあまりなく、スタッフからの促しが必要であった。また利用しても短時間であった。

③②の結果と本人の様子から、Sさんは休憩の際、個別に区切られた空間よりも周囲の状況を把握できる場所のほうが安心できるようであると考え、再度休憩エリアの変更を行った。

休憩中の様子

④検討後、③にあげていた問題点に配慮し、ある程度オープンな休憩エリアを提供することにより落ち着いた様子。休憩エリアを自ら利用することが多くなり、問題点としてあがっていた作業部品への固執や他の利用者とのトラブルも減少した。

<スケジュール>
a) 目的

今まで職員が活動の直前に言葉で予定を伝えていたが、本人は一日の流れが理解できないために、活動の切り替えや開始がスムーズに行えないことが多々見られていた。この問題を解消するため、本人の理解度に沿ったスケジュールを作成し、予定を視覚的に提示した。

b) 取り組みの流れ

①スケジュールの作成。これまで本人専用のスケジュールを使用したことがなかったので、まず、本人の理解度や見通しについてのアセスメントを行った。

②アセスメントの結果、スケジュールのシステムは半日の流れを上から下に写真カードで提示することにした。移動する際には対応するカードを持ち、各活動場所でポケットマッチングを行う。スケジュール（トランジションエリア）に戻る際は職員からトランジションカードを渡され、それを持ってトランジションエリアへ戻るように手続きを整理した。

③取り組みの結果、スケジュールへの固執は見られず、混乱する様子もなかった。写真カードはそこでの活動に使う具体物を写したもので、本人には理解しやすかったようである。トランジションカードの使用についても、提示されると自分からスケジュールに戻ることができている。

トランジションエリア

写真カード

今後もスケジュールの取り扱いや写真カードの理解力を再アセスメントし、そのつど改善していく必要がある。また、取り組みの最初の段階は本人にスケジュールのシステムを理解してもらうために、職員の対応の統一が重要である。

＜ワークシステム＞
　a) 目的

　本人はさまざまな作業種類を組み立てたり、作業に必要な部品を要求することができるのだが、作業時間に合わせて作業を終えることができず、部品を自席にためたり探し回るといったような作業に対しての固執が見られた。

　この問題に対処するため、「どのくらいの量を作るのか？」「いつ終わるのか？」を明確に伝えることを目的に、本人に合ったワークシステムを導入した。

　b) 取り組みの流れ

①言葉かけでは終了が明確にならず、作業に固執することがあるため、本人にとってどのような方法だと終了が明確に理解しやすいかアセスメントを行う。その結果、視覚的に物がなくなることで作業の終了を伝えることにする。

②ワークシステムを提示するボードを作成。ホワイトボードにコンテナの写真を縦に3枚マグネットで貼り付け、その下にトランジションカードを貼る。このことで3つのコンテナの作業をしたら終了ということを視覚的に伝える。

終了を示すボード

③作業の途中で部品が足りないときは、本人から要求して職員が部品を手渡すようにする。その際、本人はコンテナのカードを1枚取り、それと引き換えに部品をもらう。提示しているコンテナのカードが全部なくなったら作業は終了で、次のトランジションカードを持ってトランジションエリアへ移動する。

④最初、ワークシステムのボードを机上に置くことを拒否する様子も見られたが、継続していくうちに拒否感はなくなり、次の活動に対する切り替えもスムースにできることが多くなった。

4. 今後の課題

　今後の課題は、このワークシステムを「写真の意味が伝わっているか？」「終了をきちんと理解できているか？」「スケジュールとの混乱はないか？」などの面から再評価し、本人がより理解しやすく、自立してシステムを使えるように改善していくことである。

事例 5　朝の身支度、通勤への支援

1. プロフィール
Tさん（26歳　女性）

- 療育手帳－A判定。
  発達年齢は5歳レベル。聴覚の短期記憶は得意だが、抽象的な課題は苦手である。言語指示がなかなか通りにくく、視覚的な手がかりが必要（知的障害者更生相談所の判定より）。
- 物事を進める順番にこだわる傾向があり、はじめての活動（生活パターンや作業活動において）には拒否的反応を示すことが多い。
- コミュニケーションについては、本人の生活パターン内であれば、ある程度は言葉でのやり取りができる。しかし生活パターンからはずれた場合、言葉でやり取りをしてもスムースに行動できないことが多い。本人からの自発的なコミュニケーションは、自分の望む反応や答えを相手から引き出そうとする一方的な質問が目立つ。自発的にこれからやりたいことやほしいものを要求することは苦手である。
- 基本的に手先は器用で、細かい仕事も行うことができる。力の入れ具合を上手にコントロールすることができず、作業時など大雑把な行動が目立ち仕事が雑になりやすい。

2. 問題点と支援目標の設定
　企業内作業班に所属。施設に通所しているときから朝の遅刻が多かった。企業内作業場に通うようになり、しばらくは遅刻が少なかったが次第に目立つようになってきた。本人の行動を観察すると、以下の点が原因として考えられた。
① 自宅での朝の身支度に時間がかかってしまう（歯磨き・手洗い、連絡帳にこだわる）。
② バス停からの徒歩の途中、マンホールなど気になる物をしばらく眺めたり、わざわざ踏みながら歩こうとする。

　遅刻が目立ってくると、そのことでほかの利用者から責められるようになった。特に、職員の目が離れる通勤のバスの中で利用者とトラブルになることが増えた。
　朝の遅刻を減らすことを目的に、以下の2点について支援に取り組んだ。

　　◎　自宅での身支度
　　◎　通所経路の変更

3. 支援内容
＜朝の身支度への支援＞
a) 家庭訪問を行い、母親への聞き取りと本人の朝の様子を確認する

　家庭では身支度に必要なことに関して整理できておらず、目印もない、終わりが見えないという様子であった。着替えに必要な衣類やハンカチを揃えるには、それぞれ違う場所に置いてある3つのタンスを開け閉めしなくてはならなかった。

　自分の流れ、パターンで身支度を進めているが、1つの準備につまずくとパターンが崩れて混乱したり、途中で母親から注意されてイライラするような場面が見られた。そのほか、ノートへのこだわり、予定表や給食メニュー表などの施設からの配布物にもこだわりがあり、それらをパラパラめくって眺めることに時間がかかってしまう。また、チャックがたくさんついたカバンを使っていて、その開け閉めにもこだわって時間がかかっていた。

b) 具体的に支援した内容

・本人の連絡・予定ボードを設置

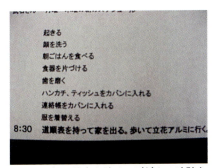

ボードに朝の予定を貼る。デジタル時計を本人に渡し、家を出なければいけない時間を確認するようにした。

そのほか、ボードには施設の配布物の中で本人が一番気になる予定表と給食メニュー表を貼り、めくって眺めるというこだわりを防いだ。

・連絡帳をノートから1枚もののルーズリーフに変更

ルーズリーフを母に渡し、1枚ずつクリアファイルにはさんでそれを連絡帳とする（パラパラとノートをめくるこだわりを避けるため）。

・母親用のファイルを作る

　施設からの配布物で、予定表・給食メニュー表以外のものは母親用のファイルに綴じ、本人のものではないと説明。さわらないように注意をする。

　そのほか、身支度の準備については、本人の衣類やハンカチを1か所のタンスにまとめるとスムースに準備ができるだろうと母親にアドバイスをする。

<通勤経路変更についての支援>
　本人が徒歩で通勤する道のりを母親と確認し、その道のりをポイントごとに写真に撮った。別れ道のある場所では、そこから次の進行方向に向かって撮影するようにした。信号のある場所では、信号が青になっているときに進行方向に向かって撮影した。それらの写真を写真入れに入れて本人に渡す。

仕事場と自宅の行き帰りの道順を写真で提示

　ねらいとしては、以下の2点があげられる。
　・本来歩くべき道を覚えること。
　・写真を見ることでほかに気になるものに目をうばわれないこと。

4. 支援後の経過
　○ 朝の身支度ではボードを確認しながら以前よりスムースに準備ができている。出発時間である8時30分には家を出ることができるようになった。
　○ 企業内作業場までの道のりをこちらが予想していたよりも早く移動。寄り道や通勤途上でのこだわりもほとんど見られない。徒歩での通勤を始めてから半年以上たつが、現在も写真を見ながらスムースに移動している。

5. 今後の課題

　本人専用の連絡・予定ボードや写真による通勤の指示といった視覚的な情報を使った支援は本人に適切な行動を促した。やるべき行動についての見通しを自分で立てやすくなったためと思われる。

・1日のスケジュールについて、本人の様子を見ながら、本人が見通しをもちやすいものを用意する。
・ほかの利用者に認められるような作業課題に本人が自立して取り組めるように、本人の作業スキルに合った課題を作成する。
・家庭との連携。朝の身支度について未整理な部分を家族と話し合いながら整理を続けていく。

　今後も本人の行動を観察しながら、つまずいている部分を補う支援を継続する。できることを強調し、本人と周囲との関係がよりスムースになるような調整も必要となってくると思われる。

事例 6 ｜ **生活場面での構造化**

1. プロフィール

Oさん（30歳　男性）

- 重度知的障害のある自閉症。強度行動障害認定。
- 2003年5月より、施設内に設けられた自閉症の人が暮らすグループホームを利用（現在8名が生活）。本人の特徴として、細部へのこだわり、焦点化の問題がかなり強いことがあげられる。視覚的な刺激に影響を受けやすく、手のひらをヒラヒラさせる感覚遊びにひたる、窓の外の景色に見入ってしまい、本来すべき活動を行うのに支障をきたす。また以前、空き缶プレスの作業を行っていたことから、空き缶を見ると踏み潰そうとするこだわりも見られる。
- 物の置き場所に対するこだわりも強く、物の配置の変更や一時的な椅子・テーブルなどの移動に対しても強い拒否を示す。本人が影響を受けそうな物は極力見えないように配慮しているが、気になってしまうと本人が納得する位置に置き直すまで激しく怒り、自傷行為や他害行為に及ぶことがある。こうしたこだわりの強さによって、スケジュールチェックができずに次の活動に進めないという困難を引き起こし、本来注目してもらいたい活動の提示に目が向かず、自立的に活動する点においても支障をきたしている。
- 聴覚からの刺激にも過敏で、他者の大きな声が聞こえると耳をふさぐなど不快な反応を示す。
- 表現性コミュニケーションはほとんどなく、曖昧な指さしで要求を訴える程度。本人のスケジュールは写真で示し、1回の提示量は3〜5枚である。

2. 支援目標の設定

①それぞれの活動場面で物理的構造化を行うとともに、ワークシステムを取り入れ、何をどれだけするのか、一つひとつの活動の終わり、その後に何があるのかを視覚的に伝える。

②物の位置を気にするこだわりについては、極力本人が影響を受けないように（パーテーションなどで目隠しするなど）するとともに、視覚的手がかりを使って必要な情報に注目できるようにする。

3. 支援内容

a) 朝の洗面での取り組み

朝の洗面の場面では、他利用者の洗面道具(歯ブラシやシェイバー)が本人の見える位置にあると関係なく使用してしまい、制止がきかないという問題があった。終わりの概念も弱く、職員の制止や終了の合図を必要とした。また、使用後の洗面道具の置き位置についてもかなりのこだわりがあった。

洗面道具の整理。片づける場所をわかりやすく提示した。

これまで、洗面道具の置き位置を気にする(何度も置き直す、きちんと置き直して退室しても、その後再び気になって次の活動に移行できない)ということに対しては洗面道具がすっぽり入る本人専用の入れ物を用意して、そこに収納するように促していた。

また、本人が洗面所を使用するときは、ほかの利用者の道具は見えないところに片づけるようにした。

しかし問題点として、①洗面の一つひとつの活動の終わりが明確でない、②鏡の前に立つと数分間鏡に映った自分に見入ってしまい、なかなか次の活動を行うことができない、などがあげられ、その結果、洗面行為に数十分もかかってしまう状態が続いた。

その後の取り組みとして、洗面の活動のワークシステムを整理して、何をどれだけ、どうなったら終わり、その後何があるかを視覚的に示した。ワークシステムのタイプは作業場面と同じく、左の棚から各道具を順番に取り、右の棚に終了させるものにした。6段の棚を用意し、洗面行為を「歯磨き」「うがい」「髭剃り」「洗面」「整髪」に分け、それぞれの棚に使う道具を上から下に並べた。最後の棚にはご褒美の「コーヒー」を提示して「頑張る活動→ご褒美」という流れを作った。

洗面のワークシステム。終わったら活動に使った道具は左の棚から右の棚へ。

一つひとつの洗面行為の終わりはタイマーを使用して伝えた（各1分）。鏡に見入ってしまうことに対しては、必要な所だけ映る小さな鏡を取り付け、他の部分は板で隠した。

活動の終わりはタイマーで知らせる

　髭剃りは以前シェイバーを使用していたが、本人は部分的にしか行えず、同じか所に何度もシェイバーを当てるため、その部分から出血してしまうことがあった。そのためＴ字髭剃りを使い、職員の介助で行うことにした。また、介助時の立ち位置を床に示すことにした。

　ほかの利用者の洗面道具も気にしてしまうという点については、棚に板を貼り、本人に見えないように工夫をした。

立ち位置を視覚的に提示

本人が気になる物が視界に入らないように整理する

環境の整理。視覚から入る刺激を減らす①

　洗面所が広すぎるので、洗面で使用するエリアを視覚的に明確にし、余計な刺激を遮断するために、洗面台とほかの人の洗面道具が入っている棚との間に仕切りを設置した。また、窓の外の景色に見入ってしまう点については、窓にベニヤ板を貼って見えないようにした。

＜まとめと今後の課題＞
　①活動エリアを明確に示し、刺激となる視覚的な情報を遮断することで、より洗面行

為に集中できるようになった。

②一つひとつの終わりが明確になり、洗面行為が終わったら何があるか(ご褒美:コーヒー)を本人が理解することで、一連の活動を自発的に、しかもスムーズに行えるようになった。

今後の改善点としては、「歯を磨く」「顔を拭く」「髪の毛をとく」ことにこだわりが見られるため、視覚的な指示書などを取り入れていきたい。

b) 居室でのこだわりに対する取り組み

ほかの利用者の居室(この方については日中、特に食後などにベッドへの嘔吐が度々あったため、ベッドを使用しないときはラバーシーツをかけている)について、ラバーシーツをかける、かけないということにこだわっていた。居室全体を視覚的に遮断することは難しいので、その方の居室の入り口に「ラバーシーツあり」「ラバーシーツなし」という表示を写真で掲示した。これによりシーツを気にすることはなくなった。また、表示の替え忘れがあると職員への要求が見られることから、視覚的な表示が有効なことがわかった。

食堂などの共有スペースや職員が管理している倉庫について、のれんや布で目隠しを付け、物の位置を気にしなくても済むように配慮した。

シーツの状態が目で見て確認できるように写真で提示。

環境の整理。視覚から入る刺激を減らす②

これらの取り組みにより、各活動へスムーズに移行し、集中して活動が行えるようになった。また目隠しをつける以前は、目に入った物に対して次々と新たなこだわりが発生し、確認行動をしないとスケジュールチェックも行えない状態であったが、この点についても解消できた。

事例 7　余暇場面における視覚的構造化の取り組み

1. プロフィール

Aさん（32歳　女性）

- 重度知的障害のある自閉症。強度行動障害認定。
- 2003年5月より、施設内に設けられた自閉症の人のためのグループホームに転居（現在8名が利用）。本人の居室内に専用のトイレを設置（以前は居室内の床やベランダで排泄していたが、現在は他者と接触せずに済むためか、このトイレで排泄できている）。
- スケジュールのタイプは写真。ひらがなは読める（理解できる漢字もある）。
- 言葉でのコミュニケーションが苦手。単語程度の発語はあるが、言葉の使い方が曖昧で不安定。例えば、歯磨きを手伝ってほしいときに「かぎちょうだい」などの表現が見られる。施設内では職員から本人への言葉かけは行わないようにしているが、2週間に1度の週末帰省中は家族とふだん言葉でやりとりを行っている。しかし、こちらからの言葉かけには部分的な理解は認められるものの、内容が複雑だったり本人の期待した返事がない場合などは、情報を整理できなくなりパニックを起こす。言葉そのものに違和感・恐怖心をもっているようで、特に職員からの言語指示には拒否反応として「赤ちゃんねんね」など意味不明な言葉を不安定な様子で繰り返し言う。Aさんは、周囲の環境（視覚的・聴覚的な刺激）に非常に影響を受けやすい。そのような刺激が処理しきれなくなると、自傷行為・他害行為・破壊行為などの反応が見られる。
- Aさんのこのような特性を考慮し、視覚的な刺激（人・もの）、聴覚的な刺激（人の声・雑音）を極力抑えた環境作りを工夫している。生活・作業とそれぞれの場面で構造化を行っているが、現段階では破壊行為が多く、自立して行動することはあまりできていない。

2. 支援目標

① Aさんが不安に感じていること（混乱の原因）を広い視野から予測し、一つずつ解決していくことで日々のストレスを減少させ、より質の高い充実した生活を送る。

② 本人が楽しみにしている余暇場面（外食）から、構造化を取り入れたアプローチを展開し、少しずつ構造化をAさんの生活全体に取り入れていく。

3. 支援内容

<帰省の予定を伝える>

　支援者がAさんの状態を日々観察し、そのつどAさんの不安要因を推測して問題解決のアプローチを探る。Aさんにとって、2週間に1度の週末帰省は特別な楽しみであり、本人は今までの生活リズムから帰省する日をある程度把握している。しかし、Aさん自身の『なんとなく』の予測では確実な見通しがもてず不安になり、職員へ「くるま」「かえります」など、たびたび不安定な様子で帰省確認をすることがあった。

　その対応策として、まず1週間のスケジュールを作成し、スケジュールに日付とその日の予定（「しごと」「かえります」など）を文字で記入した。本人居室内にスケジュールを設置すると破壊が予測されるため、Aさんが1日に5回訪れる食堂に設置する。スケジュールは、Aさん入室時以外は布で被い、ほかの利用者の目にふれないように配慮した。スケジュールはカードタイプで、裏にマジックテープを付け、取りはずせるようにした。朝食時、食堂に入室した際にAさんはその日の活動カード（「しごと」「かえります」など）を確認しスケジュールボードからはずして、そのカードをスケジュール右下にあるフォルダに入れるという手続きにした。その後の食堂入室時は、提示してあるカードを見て今後の予定を確認できるようにした。

○問題点①

　1週間分の提示では次の週が帰省の場合の確認ができず、スケジュール提示前と同じように職員への帰省確認が頻繁にあった。また、週末に帰省の表示がある場合では、帰省しない週末の余暇（土曜日は外食、日曜日はおやつにハンバーガーセット）が確認できないことで不安定になることもあった。

●改善方法①

　2週間分のスケジュール提示に変更し、帰省する週末と帰省しない週末の両方が確認できるようにした。その日の活動カードには、文字と一緒に写真も付け、より具体的な表示を行った。

○問題点②

　Aさんの支援は女子職員2名が交代で担当し、対応日は1人の女子職員がマンツーマンで対応に当たっている。職員2名の間でAさんの状態に格差がみられた（一方の職員のときに不安定になることが多く見られた）。本人から要求があったり決

問題点②における2週間スケジュール

定的な反応が見られたわけではないが、Ａさんにはその日の職員の提示も必要なのではないかと考えられた。

●改善方法②

スケジュールに、担当職員の顔写真（名前つき）も提示。その日の職員の写真は、夕食後にＡさんがスケジュールボードからはずしてその職員に手渡すようにした。

○問題点③

各写真はマジックテープでスケジュールに貼り付けるようにしていたが、スケジュールチェックの際、Ａさんがマジックテープをはずして多量に飲み込むことがあった。

●改善方法③

マジックテープは使用せず、両面テープで固定するタイプに変更した。

＜食事メニューを選ぶ＞

２週間に１度、帰省のない週の土曜日の昼は、グループホームから徒歩10分程の所にある喫茶店へ職員と外食に出かけている。ホームに転居する以前から、隔週の外食はＡさんの決まりごとになっており、大きな楽しみとなっていた。当初は、外食を帰省する週の水曜日に行い、外食することでその週末の帰省をＡさんに伝えていた。現在は、外食を帰省のない週末の余暇活動として位置づけている。Ａさんの注文するメニューは定食・デザート・飲み物の３つ。食事量は多いが、以前より３種類を飲食しているため、現在もこれを続けている。

○問題点①

Ａさんはメニュー表の文字を読み、メニューの名前と実物もおおむね結びついて理解できている様子。メニュー選びの際、Ａさんはじっくりとメニュー表を眺め、自分で何を選ぶかを考えている。食べたいものが決まると、職員に対して口頭で「チキンカツ定食」「チョコバナナホットケーキ」「アーモンドオーレ」などと伝えてくる。しかし、言葉での表現が曖昧だったり、３種類以上のメニューを言うこともあり、本当に何が食べたいのかを推測するのが困難なときもある。

●改善方法①

メニュー選び表を作成し、そこに３つの枠を設けた。職員はＡさんが言ったメニューを紙に書き写し、それを枠の上に置いて確認できるようにした。これによりＡさんは自分が伝えたメニューが食べたいものかどうかの確認ができるようになった。メニュー表と職員が書いたメニューを見比べて、自分が食べたいものでなかったときに、Ａさんから職員へ、再度別のメニューを訴えるようになった。その際には、別の紙に新たなメニューを記し、前のものと交換する。

メニューの選択を写真と文字を使って、本人が確認しやすいようにした。

○問題点②

メニュー選びを終え、店員に注文した際、Aさんが選んだメニューが品切れの場合があった。そのため、視覚的に再度メニューを選び直す新たな工夫が必要になった。

●改善方法②

Aさんが選んだメニューがないことを伝え、選び直すために用いるカード（赤字で×マークをつける）を作成。さらに、職員が書いた文字の横にメニューの写真を添え、明瞭化を行った。

○問題点③

同行した職員が選ぶメニューも気になる様子で、職員の分までAさんが選ぼうとすることがあった。

●改善方法③

職員の選択したメニューも記し、Aさんに見えるように提示した。

職員のメニューも文字で示すことで気になることを整理した。

4. 今後の課題

メニュー選びの際、Aさんは文字を指さしするものの、Aさんの言葉が曖昧で慣れた職員でないと何を選んでいるのかがわからないことがある。今後は全メニュー（一つひとつを紙に記入）を載せた一覧表を作成し、その中からAさん自らが紙を取りメニューを選べるような工夫を行いたい。また、外食に出かける前に喫茶店へ連絡し、事前に品切れのメニューを聞いておくことでリストからあらかじめはずしておくように配慮したい。

監修

村松　陽子（よこはま発達クリニック、京都市児童福祉センター）

自閉症者就労支援技術研究会

中山　清司（NPO法人BON 代表理事）

西村　昌広（知的障害者通所授産施設 ゆうゆう　主任支援員）

梅垣　浩三（知的障害者入所更生施設 ななくさ清光園　支援員）

重松　孝治（大阪府立藤井寺養護学校　教員）

髙橋　亜希子（大阪府自閉症・発達障害支援センター アクトおおさか　就労支援担当）

藤本　次郎（流通科学大学 サービス産業学部　助教授）

村山　俊宇（知的障害者通所授産施設 ゆうゆう　支援員）

[協力機関]　　アンダンテ加島　　　　萩の杜 工房ひむろ
　　　　　　　加島希望の家　　　　　ななくさ清光園
　　　　　　　希望の郷　　　　　　　ゆうゆう
　　　　　　　工房あすく　　　　　　ワークホームつつじ
　　　　　　　宝塚さざんかの家　　　わららか草部

働く自閉症者のための
作業改善の工夫とアイデア
構造化で活かす一人ひとりの特性

発行日	2006年4月28日　初版第一刷（3000部） 2007年6月27日　初版第二刷（2000部） 2012年1月12日　初版第三刷（2000部）
編　者	自閉症者就労支援技術研究会
発　行	エンパワメント研究所 〒176-0011　東京都練馬区豊玉上2-24-1　スペース96内 　　　　　　TEL 03-3991-9600　FAX 03-3991-9634 　　　　　　https://www.space96.com 　　　　　　e-mail：qwk01077@nifty.com

編集・制作　七七舎　　装丁　石原雅彦
印刷　美巧社
ISBN　978-4-907576-21-9　C3036

エンパワメント研究所の本

ご購入は ▶ https://www.space96.com

こうすればできる！
**発達障害の子がいる
保育園での集団づくり・
クラスづくり**

著：福岡寿
価格：1,000円＋税

すぐに役立つ！
**発達障害の子がいる
保育園での集団づくり・
クラスづくり Q&A**

著：福岡寿
価格：1,000円＋税

楽しく学べる 怒りと不安のマネジメント
**カンジョウレンジャー
& カイケツロボ**

著：齊藤佐和、小郷将太、門脇絵美
編著：武藏博文
価格：2,000円＋税

**たたかいは
いのち果てる日まで**

著：向井承子
復刻版・解説：宮田広善
価格：1,600円＋税

**視覚シンボルで
楽々コミュニケーション**
障害者の暮らしに役立つシンボル1000
CD-ROM付き

編：ドロップレット・プロジェクト
価格：1,500円＋税

**本当はあまり知られて
いないダウン症のはなし**
ダウン症は「わかって」いない

著：玉井邦夫
価格：1,000円＋税

エンパワメント研究所の本

ご購入は ▶ https://www.space96.com

発達障害児者の
問題行動
その理解と対応マニュアル

著：志賀利一
価格：1,100円+税

増補版 自閉症の子ども
たちの生活を支える
すぐに役立つ絵カード作成用
データ集　CD-ROM付き

監修：今本　繁
編著：藤田理恵子・和田恵子
価格：1,500円+税

見える形でわかりやすく
TEACCHにおける
視覚的構造化と自立課題

編：ノースカロライナ大学医学部
　　精神科TEACCH部
訳：今本　繁
価格：800円+税

発達障害のある子とお母さん・
先生のための
わくわく支援ツール

著：とやま支援ツール教室
　　実行委員会
編：武藏博文・大村知佐子・
　　浅川義丈・大村和彦・長浜由香
価格：1,800円+税

自閉症スペクトラム
クラスメートに話すとき
クラスメートに話すとき授業での展開例か
ら、障害表明、そしてアドボカシーまで

著：キャサリン・フェハティ、
　　キャロル・グレイ、服巻智子
編訳：服巻智子
価格：1,500円+税

自閉症スペクトラムなど
発達障害がある人との
コミュニケーションの
ための10のコツ

著：坂井聡
価格：1,500円+税

エンパワメント研究所の本

ご購入は ▶ https://www.space96.com

目次
はじめに
おことわり

第Ⅰ部　児童発達支援
A．事業の概要
B．事業の目的と重要性
C．事業の進め方
D．まとめ

第Ⅱ部　保育所等訪問支援事業
A．事業の概要
B．事業の目的と重要性
C．事業の進め方
D．まとめ

第Ⅲ部　放課後等デイサービス
A．事業の概要
B．事業の目的と重要性
C．事業の進め方
D．まとめ

障害児通所支援ハンドブック
児童発達支援　保育所等訪問支援　放課後等デイサービス

著者：山根希代子、橋本伸子、岸良至　ほか
編　：宮田広善、光真坊浩史
監修：全国児童発達支援協議会
価格：1,800円＋税

　児童福祉法は平成24年度に大きく改正され、とくに障害児通所支援は大きく改編された。
　その結果、障害種別だけでなく障害が確定されていなくても利用が制限されない「児童発達支援」、初めての個別給付による訪問型支援であり障害のある子どもの育ちを地域の中で支援できる「保育所等訪問支援」、学齢障害児の放課後活動を支援し乳幼児期から成人期への一貫した発達支援の提供を可能にした「放課後等デイサービス」などが登場した。
　これらの事業は、障害児支援にケアマネジメント手法を導入する「障害児相談支援事業」の創設と相まって、新たな時代の障害児支援の幕開けとして期待されている。
　本ハンドブックは「児童発達支援」「保育所等訪問支援」「放課後等デイ」3事業の理解と円滑な実施を目指す初めての実践書であり初めての理論書であるとともに、現場の皆さまの疑問や悩みに答えて発達支援の発展につなげられる唯一のテキストである。